KB232914

JLPT N2

이계옥 지음

제이앤씨

Publishing Company

머리말

이 교재는 일본어 능력시험 대비 교재입니다. 2010년부터 기존의 일본어 능력시험 (JLPT) 레벨이 4등급에서 5등급으로 세분화 되어, 2급 3급간의 심했던 격차를 3급을 신설 1급까지의 단계적 적응의 여려움을 완화해 주고 있습니다. 그리고, 5단계로 체제변경전인 2010년 이전에는 능력시험 기출문제가 공개되었는데 요즈음은 공개되지 않아, JLPT N2 시험 과목과 문제 예제를 실어 놓았습니다.

JLPT N2의 목표는 일상적인 장면에서 사용되는 일본어 이해와 신문과 잡지의 기사·해설·평이한 평론 등, 논지가 명쾌한 내용을 이해하는 것이며, 일반적인 화제에 관한 내용을 읽고, 화제의 흐름과 표현의도를 이해 할 수 있는 수준입니다. 듣기는 일상적이고 폭넓은 장면에서 자연스런 속도의 회화와 뉴스를 듣고, 화제의 흐름과 내용, 등장인물의 관계를 이해하고, 요지를 파악 할 수 있는 수준이 요구되고 있습니다.

JLPT N2의 어휘 수준을 예로 든다면, 「시작하다」 라는 의미를 일본어로 표현할 때 「サービス提供を開始する」 「海外で新婚生活をスタートさせた。」 「初日からすばらしいスタートを切る」 「株に手を出す」 등 장면 상황 기분 등에 따라, 또 무엇을 시작 하는가에 따라 미묘하게 구별하여 사용하는 용법을 익히는 수준입니다. 따라서 일상생활에 필요한 기본 어휘를 익히고, 나아가 어휘의 기본용법과 다양한 용법을 익혀야 됩니다. 독해와 청해에 필요한 다양한 동사용법, 그래프와 위치설명 표현, 경어표현, 관용어구용법, 메일표현 등 되도록 많은 용례를 접하여 일본어 실력이 쑥쑥 향상 되기를 바라는 마음으로 구성하였습니다.

이 교재를 작성하는데 활용한 참고자료는 다음과 같습니다.

- 外国人のための日本語例文・問題シリーズ　1〜18(荒竹出版)
- 日常生活の分野別　日本語表現便利長, 小笠原 信之 著(専門教育出版社)
- すぐに使える実践日本語シリーズ１〜12 (株式会社　専門教育出版)
- 커플일본어, 秋元美晴・有賀千佳子著(시사일본어사)
- 完全マスター　語彙　日本語能力試験1・2級レベル
　　　　大矢根祐子・寺田和子・東郷久子・増井世紀子　著(スリーエネットワーク)
- 日本語能力試験　Ｎ２語彙対策　　　行田悦子・深谷久美子・渡辺摂　著(秀和システム)

目次

1章　日常生活の中のことば

1. 日常生活　＜朝・洗濯・掃除・夜・着脱＞

1) 朝

目覚まし時計が鳴る　　目覚まし時計を止める　　目が覚める　　目を覚ます

寝坊をする　　ふとんをたたむ　　トイレに行く　　ひげをそる　　鏡を見る

シャワーを浴びる　　シャンプーする　　ブローする　　ドライヤーをかける

ドライヤでブローする　　髪を乾かす　　髪が乾く　　髪をとかす

(お)化粧をする　　口紅をつける　　洋服に着替える

コーヒーをいれる　　朝ごはんを食べる　　朝食をとる　　新聞を取りにいく

ゴミを捨てる　　ゴミを出す　　鍵をかける　　戸締まりをする　　家を出る

2) 洗濯・掃除・後片付け

洗濯物がたまる　　　洗濯をする　　　洗濯機を回す　　　脱水する　　　脱水にかける

「洗濯物・ふとん」を干す　　　日に干す　　　洗濯物を干して乾かす　　　乾きが早い

洗濯物を取り込む　　　洗濯物をたたむ　　　たんすにしまう　　　　　アイロンをかける

しわを伸ばさず干すとくしゃくしゃになる　　　クリーニングに出す(세탁소에 보내다)

部屋が散らかってしまう　　　ゴミをちらかした人　　　　　ごみを捨てる

掃除する　　　　　　　部屋を片付ける　　　　はたきをかける　　　掃除機をかける

雑巾をかける　　　　　雑巾をゆすぐ　　　　雑巾をしぼる

庭に水をまく　　　　　花に水をやる

食べ終わった食器を下げる(식사가 끝난 빈 그릇을 물리다)

朝食の後片付けをする　　　食器を洗う　　　食器を拭く　　　食器をしまう

買い物に行く　　　　　買い物をする　　　　　店が開いている⇔店が閉まっている

3) 夜

「電気・テレビ・クーラー・ストーブ」をつける⇔消す　　　　クーラーを止める

(お)風呂を沸かす　　(お)風呂が沸く　　(お)風呂に入る　　おふろ「を・から」出る

「家計簿・日記」をつける　　　布団を敷く⇔たたむ　　　「布団・ベッド」に入る

「布団・毛布」をかける (덮다)　　　横になる　　　　目覚まし時計をかける

「ふとん・毛布」をはぐ (차내다)　　　いつも足で布団をはいでしまいます。

4) 着脱

「シャツ・セーター・Ｔシャツ・ジャケット」を着る⇔脱ぐ

「スカート・ズボン・パンツ・靴下・ストキング・くつ」をはく⇔脱ぐ

「眼鏡・ショール」をかける⇔取る・外す　　　帽子をかぶる⇔とる・脱ぐ

コンタクトを「入れる・つける・はめる・する」⇔ とる・外す

「ネクタイ・ベルト・帯」を締める⇔とる・外す・解く

「時計・指輪・手袋」を「はめる・する」⇔とる・外す

エプロンを「する・かける」⇔脱ぐ

「ブローチ・ネックレス・イヤリング」を「する・つける」⇔とる・外す

マフラーをする⇔とる・外す　　　「襟巻き・スカーフ」を巻く・する⇔とる・外す

ボタンをかける⇔外す　　　ボタンが取れる　　　ボタンを取る⇔ボタンをつける

ファスナーを上げる⇔下げる　　　ストッキングが「やぶれる・伝線する」

ハンガーにかける　　　サイズが合う　　　「顔・体」に合う　　　着物がよく

似合う人　　明るい色⇔暗い色　　鮮やかで明るい色　　　派手な色　　暗くて鈍い色

地味な色　　　濃い色⇔薄い色　　　洋服を着せる　　　靴を磨く　　　靴をそろえる

問題　下の語群から適した言葉を選んで必要な場合は形を変えカッコに入れ、文を完成させなさい。

1. 寝坊をした日は、朝食を（　　　　）ないで出勤する。

2. 赤ちゃんが目を（　　　　）ないうちに掃除をしてしまおう。

3. 急にお客様が来ることになったから、部屋を（　　　　）のを手伝って。

4. ファスナーを上げる。　⇔　ファスナーを（　　　）。

5. ボタンが（　　　　）ちゃったんだけど、つけてくれる？

6. 暑いので掛け布団を（　　　　）で寝たら、風邪を引いてしまった。

7. その服にはペンダントを（　　　　）といいですよ。

8. そろそろ冬服に（　　　　）してもいい季節だ。

9. 腕を通さずにカーデイガンを（　　　　）と、ちょっと雰囲気がありますね。

10. お風呂から（　　　　）たら浴衣に御召し替えください。

11. きつい帯を（　　　　）て早く楽になりたいわ。

12. だいぶやせたので、以前（　　　　）ていたズボンがだぶだぶになった。

13. 冬は手袋を（　　　　）ないと手が荒れるんです。

14. 勤務中には制服のボタンをきちんと（　　　　）ておくこと。

15. 帽子を斜めに（　　　　）たほうが粋に見えますね。

{ あがる　覚ます　剥ぐ　とれる　はめる　つける　衣替え　はく

かける　解く　取る　羽織る　かたづける　下げる　かぶる }

2.　日常生活　＜電車・道路・旅行・出かける・トラブル＞

5) 電車

切符を買う　　改札口を通る　　定期を出す　　定期を見せる　　定期が切れる

特急料金を払い戻す（특급요금을 환불하다）

「電車・バス・タクシ・馬・飛行機・船」に乗る⇔を降りる

階段を「上がる・上る」⇔「下りる・降りる」　　　　　階段から落ちる

「階段・エスカレーター」をかけあがる ⇔ かけおりる　　　　　人とぶつかる

ベルが鳴る　　発車する　　停車する　　各駅停車から急行に乗り換える

事故がある　　ドアが開く⇔閉まる　　つり革につかまる　　ドアにはさまる

（도어에 끼이다）　　ドアにスカートがはさまれる（전철 문에 스커트가 끼이다）

後ろから押される　　　　足を踏まれる　　　　痴漢に遭う

6) 道路

道が曲がる　　角を曲がる　　「横断歩道・歩道橋（육교）・橋」を渡る

「右・左」に曲がる　　大きい道 ⇔ 細い道　　広い道 ⇔ 狭い道　　路地

バスが出ている（노선버스가 있다）　　道が混んでいる⇔すいている　　渋滞する

タクシーを拾う（택시 잡다）　　手を上げる　　地図を見る　　地図で調べる

目印になる　　道がわからなくなる　道に迷う　迷子になる　　道をまちがえる

道を聞く　　道を教える

7) 旅行

休みになる　　　　「休み・休暇」を取る　　　　旅行に行く　　　　旅行する

計画を立てる　　　予定がある　　　打ち合わせをする　　　相談する　　　時刻表を見る

「旅行代理店・航空会社」に問い合わせる・きく　　　申し込みをする　　　予約(を)する

予約を入れる　　　予約を取り消す・キャンセルする　　　ホテルをとる　　　切符をとる

指定席を取る　　自由席　　通路側　　窓側　　乗車券　　片道切符　　往復切符

席がある⇔ない　　　　いっぱいだ　　　満席だ　　　キャンセルが出る

キャンセル待ちをする　　　コンファームする　　　用意する　　　費用がかかる

8) 出かける

デートをする　　　待ち合わせ(を)する　　　約束がある　　　アポを取る

約束する　　　約束を忘れる　　　約束を破る　　　すっぽかす　　　すっぽかされる

時間に遅れる　　　人と会う　　　人に会う　　　人をさそう　　　人に声をかける

人と友達になる　　　人とつきあう　　　喫茶店に入る　　　お茶する　　　飲みに行く

カラオケに行く　　　踊りに行く　　　映画に行く　　　ドライブに行く　　　ドライブする

9) トラブル

パスポートを無くす　　パスポートが見つかる　　忘れ物をする　電車に傘を忘れる

財布を落とす　　財布を拾う　　警察に届ける　　　警察に取りに行く

泥棒に入られる（도둑이 들다）　　　空き巣に入られる　　貴重品を取られる

引ったくりに遭う（날치기 당하다）　　すりに遭う（소매치기 당하다）　財布をすられる

警察を呼ぶ　　　　救急車を呼ぶ　　　　非常ベルを鳴らす

１１０番する（도둑이 들거나 사건 현장을 목격 급히 경찰에 전화할 때）

事故に遭う（사고를 당하다）　　　火が出る　　　火事になる

１１９番する（화재 시 또는 구급차를 부를 때）

車にぶつかる　車にはねられる　車に轢かれる　　石につまずいて転ぶ（돌에 걸려

넘어지다）　　けんか（を）する　　けんかになる　　仲直り（を）する

仲がいい ⇔ 悪い　　　（人）に謝る　　悪口を言う

ぶつぶつ文句を言う（투덜투덜 불평하다）　　　ぐちをこぼす（푸념을 늘어놓다）

うそをつく　　　うそがばれる　　世話になる　　世話をする

面倒を見る　　迷惑をかける　　心配をかける

問題　下の語群から適した言葉を選んで必要な場合は形を変えカッコに入れ、文を完成させなさい。

1.　急ブレーキをかけることがありますので、つり革に（　　　）てください。

2.　駅前のアパートが火事になって、全部（　　　）てしまった。

3.　「田中さん、先週、交通事故に（　　　）たんだって。」

4.　航空会社に（　　　）たら、００７便は満席で、キャンセルが出るのを待つしかないそうだ。

5.　交通費が（　　　）から、安いホテルに泊まろう。

6.　はじめて田中さんの家に行くので、家を出る前に地図でよく調べておいたのに、道を（　　　）たようだ。

7.　ゴールデンウィークはどの道路も（　　　）。

8.　台風が来るからボートを杭にしっかり（　　　）！

9.　この料金の中には税金とサービス料が（　　　）ています。

10.　勉強に（　　　）たらジョギングに行こう。

{　問い合わせる　　かかる　　焼ける　　つかまる　　遭う

　　　　　　まちがえる　　渋滞する　　しばる　　含む　　飽きる　}

3. 日常生活　＜天気・料理＞

10) 天気

いい天気　　天気がいい⇔悪い　　天気予報が当たる⇔外れる　　気温が高い⇔低い

気温が上がる⇔下がる　　　　　空が晴れる⇔曇る　　　　　雨が降る⇔止む

雨が多い⇔少ない　　梅雨に入る⇔梅雨が明ける　　　梅雨入り　　雨に降られる

雨に濡れる　　傘を差す⇔たたむ・すぼめる　　　雪が降る⇔止む　　　雪が積もる

雪が溶ける　　風が吹く⇔止む　　風がある⇔ない　　風が強い　　強い風⇔弱い風

風が冷たい　　涼しい風　　　　風がひどい　　　　ひどい風　　　台風が来る

台風が近づく　　雷が鳴る　　　地震がある　　　「大きい・強い」地震

日が昇る⇔沈む　　日が当たる　　「月・星」が出る　　快晴に恵まれた連休

濃い霧　　激しいひょうに見舞われてスイカは全滅だ　　秋晴れ　　寒冷前線

梅雨前線　　いい日和　　　夏の日差しがジリジリと照りつける　　春雨　　梅雨

五月雨　　秋雨　　時雨(初冬)　　氷雨(冬)　　じめじめする　　氷が凍る⇔溶ける

露に濡れる(이슬)　　霜が降りる(서리)　　霧がかかる・立ち込める(짙은 안개)

遠方がかすんで見える　　　　　霞がかかる・たなびく(봄 안개)

靄がかかる・晴れる(옅은 안개)　　雷が落ちる

11) 料理（りょうり）

スープを飲む　「お茶・紅茶・コーヒー」をいれる　料理をする　コショウする

かたくりこをまぶす　フライの衣をつけて揚げる　皮をむく　大根をおろす

フライパンに油を薄くひく　ふたをする⇔取る　お湯が沸く（물이 끓다）

やかんでお湯を沸かす　電子レンジでチンする　「ご飯・皿に料理」を盛る

(お)米を研ぐ　ご飯を炊飯器で炊く　「ご飯のおかわり・味噌汁」をよそう

だしをとる　味噌汁がぬるくなる　温める　火をつける　火を止める・消す

夕食のおかず　サラダ油　天ぷら油　「強火・中火・弱火」でいためる

強火にする　火を強くする⇔火を弱くする　納豆をかきまぜる

さつまいもをふかす（고구마를 찌다）　蒸し器でシュウマイを蒸す　油を熱する

cf.　今夜はひどく蒸す（무덥다）　むしぶろ　たまごをゆでる　てんぷらを揚げる

魚をとろ火でぐつぐつ煮る　ステーキを焼く　フライパンでチャーハンをいためる

薬を煎じる（약을 달이다）　こげめをつける　こげめがつく　香りが出る

ホットケーキを片面焼いたあとひっくりかえす　いいにおいがする　アクが出る

アクを取る（거품을 떠내다）　味を見る　味見する　味をつける（간을 하다）

塩加減を見る　味を調える（간을 맞추다）　味が濃い⇔味が薄い（맛이 싱겁다）

お出汁がちょうどいい塩梅です　脂が多くてしつこい味（기름기가 많아 느끼한 맛）

冷蔵庫に入れる　アイスクリームは一度溶けると味が落ちる　塩を振る

「塩・砂糖・しょうゆ・ソース・カレー」をかける　ビールを注ぐ

「しょうゆ・からし・わさび」をつける　バターをぬる・つける　栓を抜く（마개를 따다）

ラップをかける・する　ラップでくるむ　食事をする　朝食を取る

「朝ごはん・昼ごはん・晩ごはん」を食べる　食事にするそれとも先にお風呂にする

軽く夕飯をすませる　「出前・すし・ピザ」をとる・頼む（주문 배달시키다）

問題　下の語群から適した言葉を選んでカッコに入れ、文を完成させなさい。

1.　ここ2、3日、いい（　　　　）が続きますね。

2.　（　　　）は天候不順で困る。

3.　通り雨だ、ちょっと（　　　　）をしていれば、止むさ。

4.　朝からの雪が午後には（　　　）になった。

5.　（　　　）が続きます。お体にくれぐれもお気をつけてください。

6.　魚を炭火で（　　　　　　）。

7.　ジャガイモを鍋で（　　　　　　）。

8.　モツをじっくり（　　　　　　）。

9.　海苔は火で軽く（　　　　　）てください。

10.　大根を（　　　　　　）。

11.　昆布とカツオでだしを（　　　　　　）。

12.　干しシイタケを水で（　　　　　　）。

13.　タマネギを（　　　　　　）にする。

14.　ゴマを（　　　　　　）。

15.　野菜をフライパンで（　　　　　　）。

{　いためる　　あぶっ　　雨宿り　　煮込む　　煮る　　おろす　　日和　　春先

　取る　　吹雪　　炎暑　　すりつぶす　　千切り　　戻す　　焼く　}

4. 日常生活　＜余暇・つきあい1・つきあい2＞

12) 余暇

「暇・時間」ができる　　　　暇になる　　　　余暇を過ごす　　　　老後を迎える

景色がいい　　　　写真を撮る　　　　現像に出す　　　　写真を現像する

写真ができる　　　写真を焼き増しする　　　　ビデオをとる　　　　ビデオにとる

コンサートに行く　　　カラオケする　　　踊りを踊る　　　音楽を聞く　　　CDを聞く

レコードをかける　　　音を大きくする⇔小さくする　　　「新しいCD・本」が出る

絵をかく　　　スポーツをする　　　試合に出る　　　試合に勝つ⇔負ける

13) つきあい1　（訪ねる・知り合いになる）

「チャイム・ベル」を鳴らす　　　ドアをノックする　　　お邪魔する

おじぎ（を）する　　　頭を下げる　　　家に上がる（집안으로 들어가다）

いすに座る・こしかける　　　正座（を）する　　　足をくずす　　　あぐらをかく

都合をつける　　　都合がつく　　　買い物に付き合う（쇼핑을 함께 하다）

おみやげを持って行く　　　おみやげを渡す　　　お礼を言う　　　おみやげを開ける

お礼する　　　AをBに紹介する　　　握手をする　　　友達になる　　　友達をつくる

友達・知り合いができる　　　失礼する　　　手を振る　　　お言葉に甘えて

14) つきあい2（お祝いする）

パーティーをする　　お祝いをする　　友人を呼ぶ・招待する　　招待状を出す

都合を聞く　　パーティーに呼ばれる・招待される　　合コンする

リボンをつける　　リボンをかける　　リボンを解く

cf. 問題を解く・絡んだのを解く・固まったのを解す

鉢植えをプレゼントする　　プレゼントを渡す　　プレゼントを開ける

乾杯をする　　楽しいパーティー　　にぎやかなパーティー　　宴会を開く

飲み会　　歓迎会⇔送別会　　飲み放題　　食べ放題　　お酒を注ぐ

ビールを一気に飲む　　ウイスキーの水割り　　（お）つまみのチーズ

（お）酒に酔う　　酔っ払う　　あばれる　　やかましい　　騒ぐ　　騒がしい　　騒々しい

5．日常生活　＜怪我・病気・体の調子・検査・病院＞

15) 怪我

怪我をする　　　血が出る　　　血が止まる　　　つき指（を）する（손가락을 삐다）

足首を捻挫する（발목을 삐다）　足首をくじく　　　転ぶ　　　あざができる

打たれてうちみになる（맞아 멍이 들다）　顔が腫れる　　　飛行機の中で足がむくむ

痛みがある　　　骨が折れる　　　骨を折る　　　骨にひびが入る

やけど（を）する　　　日焼け（を）する（햇볕에 타다）　　　皮がむける

薬をつける・ぬる　　　シップをする・貼る　　　「氷・シップ」で冷やす

バンドエイドをはる　　　包帯をする・巻く　　　様子を見る

16) 病気

顔色がいい⇔悪い　　　病気になる　　　病気が治る　　　目薬をさす

「インフルエンザ・コレラ・はしか」にかかる　　　風邪を引く　　　寒気がする

「頭・おなか・のど・歯」が痛い　　　熱が「ある・出る」　　　熱が上がる⇔下がる

熱を計る　　　熱が高い　　　熱が39度ある　　　くしゃみをする　　　くしゃみが出る

鼻水が出る　　　鼻が詰まる　　　鼻をかむ　　　咳をする　　　咳が出る

咳が止まる　　　咳がおさまる　　　薬を飲む　　　部屋を暖める

お腹を壊す　　　胃がもたれる

17)　体の調子

体が弱ってくると、すぐ風邪をひくようになる　　　家中の窓ガラスを磨いたら、

肩が凝ってしまった　　　　　肩がこる　　　　肩こりを解す

30度を越す暑さが続いて、みんなばててしまった　　　夏バテ対策

肉体的な疲れは「ばてる」「のびる」　　　　猛訓練でついにばてた

決算で仕事が徹夜になってしまい、みんなのびてしまった

肉体的にも精神的にも疲労すること「疲れる」「くたびれる」　　めまいがする

歩き続いてくたびれる　　　体の調子がいい⇔悪い（몸 컨디션이 좋다⇔나쁘다）

体の具合がいい⇔悪い（건강상태가 좋지 않다）　元気がない　気持ちが悪い

吐き気がする　飲みすぎてあげる・もどす　過労で倒れる　汗をかく　体に悪い

栄養がかたよる　　　栄養失調になる　　　栄養をとる　　食欲がある⇔ない

食欲が出る　　　体がだるい　　　おなかがすく・へる　　　おなかがいっぱいだ

のどが渇く　うがいをする　タバコを吸う　タバコをやる　タバコをやめる

18)　検査・病院

医者に診てもらう　病院で診てもらう　人間ドックに入る　健康診断を受ける

診察する　診察を受ける　手当て（を）する（치료하다）　cf. 手当てをもらう

治療（を）する　薬を出す　レントゲンをとる　検査（を）する　血をとる

息を吸う　手術（を）する　入院する　退院する　（お）見舞いに行く

病院に通う　通院する

問題　下の語群から適した言葉を選んで必要な場合は形を変えカッコに入れ、文を完成させなさい。

1. 幼稚園の先生は、転んでけがをした子に（　　　　　　）をしてあげました。

2. タクシーを（　　　）うとして、手をあげたが、一台も止まってくれなかった。

3. あの二人はいつも仲が（　　　）のに、このごろ口もきかないなんて、何があったんだろう。

4. 母は落した財布を届けてくれた人に丁寧にお礼を（　　　　）た。

5. 日本では、人の家に（　　　　）時、玄関で必ずくつを脱ぐ。

6. 干物や塩漬けは食品を長く（　　　　　　）せる昔の人の知恵である。

7. 「和ちゃん、車にぶつかって（　　　　　）たんだって！」

8. テニスをしている時に転んで足首を（　　　　）してしまった。

9. 「熱い！おかあさん、（　　　　）しちゃった。」「まあ、すぐに水で冷やして。」

10. 私はアレルギー性鼻炎なので、一日に何度も鼻を（　　　　　　）。

11. 吉田さんは突然具合が（　　　　）なって早退した。

12. 熱はないけど（　　　　　）が止まらないんだ。

13. 急に立つと（　　　　　）がしませんか。

14. 「まぶたが（　　　　）、目が（　　　　）」という症状について、考えられる原因などについて詳しく解説します。

15. 注射を（　　　　）もらえばすぐ治るさ。

{　怪我する　　かむ　　腫れる　　打つ　　くしゃみ　　悪い　　上がる　　手当て
　　捻挫する　　拾う　　目まい　　言う　　いい　　持つ　　やけどする　}

6. 日常生活　＜就寝中・体の動き・成長＞

19) 就寝中

眠くなる　　　　あくびをする(하품하다)　　　　　　目をこする

ねつきがいい(잠이 쉽게 들다)⇔悪い　　　　寝返りを打つ(자면서 몸을 뒤척이다)

寝言を言う(잠꼬대하다)　　　　夢を見る　　　いびきをかく(코를 골다)

ねぞうがいい⇔悪い(잠자는 모습이 예쁘다. 흉하다)　　　眠りが浅い⇔深い

20) 体の動き

のびをする(기지개를 켜다)　　　　背伸びをする(발돋움을 하다. 안간힘을 쓰다.)

「首・手首・足首」を回す　　　　「ひざ・こし・ひじ」を曲げる

和式トイレでしゃがんで座る姿勢　　　足を組む　　足を曲げる　　　深呼吸する

運動不足「になる・だ」　　運動(を)する　　体を反らせる・反らす　　体をひねる

汗をかく　　　　汗が引く　　　　「体・健康」に気をつける・注意する

体重が増える⇔減る　　太る⇔やせる　　体重を計る　　ダイエット(を)する

21) 成長

子供が大きくなる　　　　子供を甘やかす　　　　育つ　　　育てる

背がのびる　　　「髪・ひげ・爪」がのびる　　　歯が生える　　　背が高い⇔低い

体が大きい⇔小さい　　　大柄　　　小柄　　　長身

丈夫な体つきの若者　　　がっしりした体つき　　　筋肉質　　　太い　　　痩せ

柔らか　　　「顔・頬・目の下」のたるみ　　　大人びた子供　　　病的・弱々

＊年を取る　　　体が弱くなる　　　体力がなくなる　　　目が悪くなる

耳が遠くなる　　　歯が抜ける　　　しわが増える　　　体の大きさ・小ささ

年の割には老けて見える　　cf.　夜が更ける　　読書に耽る

※　草が生える　　　「桜の葉・夏草・枝」が茂る　　　花が咲く⇔枯れる

7. 日常生活　＜機械操作・パソコン・車の操作・車の走り方＞

22) 機械操作

ビデオをとる　　　　　　　　ビデオにとる　　　　スイッチを入れる⇔切る

スイッチを「オン・オフ」にする　　　　　スタンバイ（状態）にする

レンズカバーを「とる・外す」　　　ファインダーをのぞく　　　ピントを合わせる

ピントが合う　　　ピントがずれる　　ピンボケになる（초점이 안 맞아 화면이 흐림）

花や物のアップの写真をとる（꽃이나 사물의 확대사진을 찍다）

バッテリーをつける　　　　バッテリーがある　　　　　バッテリーが残っている

バッテリーが切れる・なくなる　　　バッテリーを外す　　バッテリーを充電する

ダビングする　　　早送り（に）する　　巻き戻しする　　一時停止する

23) パソコン

電源を入れる⇔切る　　　　　コンピューターを立ち上げる　　　コンピューターを落とす

終了する　　フロッピを入れる　　　キーを押す　　メニューが画面に出る

カーソルを動かす　カーソルを保存に合わせる　ファイルを呼び出す　ファイルを開く

ファイル名をつける　　ファイルを登録する　ファイルを保存する（파일을 저장하다）

かなを漢字に変換する　入力する　　打ち込む　複写する　挿入する

移動する　　　削除する　　　　線を引く

24)　車の操作
そうさ

免許をとる　　自動車教習所に通う　　運転席に座る　　シートベルトを締める・する

ドアをロックする　　ミラーを調節する・直す　　　　ギアをパーキングに入れる

ギアがパーキングに入っている　　アクセルを踏む　　エンジンをかける⇔切る

ブレーキをかける・踏む　　　バックする　　ハンドルを切る　　カーブを曲がる

ウィンカーを出す（깜빡이를 켜다）　　　ライトをつける

バッテリーがあがる（배터리가 다되다）

25)　車の走り方

スピードを出す　　スピードをあげる　　　スピードを落とす　　信号が変わる

信号待ち（を）する　　制限速度を守る　　信号を守る　　信号を無視する

車線を変える　　流れにのる　　　渋滞している

前の車を追い越す　　　後ろの車に追い越される　　クラクションを鳴らす

クラクションを鳴らされる　　道が滑る　　雪で車がスリップした

電柱に車をぶつける　　高速にのる・入る　　高速を降りる・出る

ガソリンを入れる　　駐車場に入れる・止める

8. 日常生活　＜仕事・お金に関することば＞

26) 仕事

仕事を探す　　履歴書を書く　　面接をする　　　通訳の仕事　　　翻訳の仕事

事務の手伝い　　　お金をかせぐ　　　　お金をもうける　　　お金がもうかる

仕事を済ます・済ませる　　　仕事を怠ける　　怠け者　　まめに働く

働き者　　　首になる　　　　やめさせられる　　「きつい・つらい」仕事

仕事をする　　アルバイトをする　　コピー（を）する　　　　コピーをとる

ファックスで送る　　　　ファックスを送る　　　「ホチキス・クリップ」で止める

ファイルする　　判を押す　　ワープロを打つ　　アポを取る　　お茶を出す

名刺を出す　名刺を交換する　　銀行に勤めている　「仕事・用事・バイト」がある

仕事が入る　　仕事が忙しい　　タイムカードを押す　　席につく　　席を外す

会議がある　　会議に出る・出席する　　記録を取る　　メモを取る

説明を聞く　　打ち合わせをする　　残業する　　会社に入る　　入社する

会社をやめる　　ただ今ちょっと席を外しておりますが

いつもお世話になっております

27) お金に関することば

（お）金がある⇔ない　　（お）金を持っている　　お金の持ち合わせがない

お金を貯める　　貯金する　　カードの暗証番号（카드 비밀번호）　　預金通帳

お金を払う　　勘定を払う　　「カード・現金」で払う　　おつりをもらう

細かい（お）金　　（お）金をくずす　　割り勘にする　　おごる　　ごちそうする

ごちそうになる　　じゃあ、おことばに甘えて　　（お）金を貸す　　（お）金を借りる

（お）金を返す　　（お）金を銀行に預ける　　（お）金を銀行からおろす・引き出す

（お）金を数える　　「電話料金・ガス料金」を振り込む・払い込む

「口座振替・自動引き落とし」にする　　「物価・物・値段」が高い⇔安い

生活が苦しい・大変だ　　（お）金を使う

「お金・費用・交通費・手数料・送料」がかかる　　給料が出る　　ボーナスが出る

バイト代が入る・出る　　退職金が出る　　年金が出る　　給料が上がる

給料が安い

9. 日常生活　＜大学生活・発表＞

28)　大学生活

出席をとる　　出席する　　「授業・クラス」に出る　　授業を受ける

講義を聞く　　欠席する　　授業を休む・サボる　　学校を休む　　教える　　教わる

授業がある⇔ない　　授業がなくなる　　休講になる　　やさしい試験⇔難しい試験

試験がある⇔ない　　テストがある⇔ない　　試験をする　　試験を受ける

単位を取る　　単位をもらう　　単位がもらえる　　単位を落とす　　単位が足りない

履修届けを出す　　小林先生の授業を取る　　野中先生のゼミに入る

成績が上がる⇔下がる・落ちる　　席を取る　　席についている　　勉強が進む

勉強がたいへんだ　　言葉の意味を調べる　　辞書を引く　　辞書「で・を」調べる

辞書に出ている　　「資料・データ」を集める　　宿題を出す　　宿題が出る

宿題がある　　宿題をする・やる　　宿題ができる　　宿題を忘れる

予習をする⇔復習をする　　「レポート・論文」を書く　　レポートを出す

ワープロを打つ　　厚い本⇔薄い本　　早退する　　「チャイム・ベル」が鳴る

先生に指される　　手を上げる⇔下げる　　質問に答える　　ノートを取る　　黒板を写す

黒板を消す　　本を開ける・開く⇔閉じる　　レポーターが当たる　　進路を決める

願書を出す　　「大学・試験」を受ける　　「大学・試験」に受かる　　大学に合格する

大学を落ちる　　試験に落ちる　　大学に入学する・入る　⇔　卒業する・出る

キャンパスが広い⇔狭い　　「進学・留学・退学・通学」する　　学校に通う

留学する　　ビザを取る　　寮に入る　　クラブに入る　　友達ができる　　休みに「なる・

入る」　　休みが終わる　　新入生歓迎のコンパに行く　　新入生歓迎のコンパをする

29) 発表（はっぴょう）

プレゼンテーション（発表）　　　　　　　　　発表用（はっぴょうよう）のPC は各自（かくじ）ご用意（ようい）下さい。

スライドをチェックする　　　　スライドを使う

「レジュメ・ハンドアウト」を作る・配（くば）る　　　　マイクを「オン・オフ」にする

スピーチをする　　　発表（はっぴょう）する　　報告（ほうこく）する　　説明（せつめい）（を）する　　例（れい）をあげる

声が大きい⇔小さい　　　大きい・大きな声　　　小さい・小さな声

質問（しつもん）がある・出る　　　意見を述（の）べる・言う・交（か）わす・聞く

「考（かんが）え・意見」がまとまる　　意見をまとめる　　意見が合う　　いい考えがある

10. 日常生活　＜容貌・性格・感情・心理 1・2・3＞

30) 容貌

「眉・目・首・腕・脚」が細い⇔太い　　「顔・首・顎・胴・手・脚・指」が長い⇔短い

顔が丸い⇔四角い・角張っている　　　　「鼻・顎」が丸い⇔尖っている

「背・鼻・足の甲」が高い⇔低い　　　　「額・肩幅」が広い⇔狭い

顔の彫りが深い⇔浅い　　「頭・目・耳・鼻・口・胸・手・足・尻」が大きい⇔小さい

「毛・髪の毛・眉・ひげ」が濃い⇔薄い　　胸が豊か⇔貧しい

「歯並び・肉付き・恰幅」がいい⇔悪い　　肩がなだらかだ・いかっている

「鼻筋・脚」が真っ直ぐだ・曲がっている　　頭がはげている

喜び　笑顔　怒り　悲しみ　不安　恐怖　恥　好意　嫌　暗い

興奮　気持ちの高ぶり　安心　驚き　自慢　自信ありげ　疑い　真剣

無垢・純粋　虚ろ・ボンヤリ　冷め　無表情　感情が不明瞭

変化　地肌　丸顔　面長　顔立ち　膨らみ　痩せ具合

肌の雰囲気　色白　肌の艶　脂ぎった顔　顔色　血色　素顔

化粧をした顔　美しさ⇔醜さ　印象　しわが寄る　ひげを生やす

苦労すると髪が伸び、楽すると爪が伸びる

問題1　下の語群から適した言葉を選んで必要な場合は形を変えカッコに入れ、文を完成
させなさい。

1.　（　　　　　）とした脚の若者が増えましたね。

2.　久しぶりに会ったので、双方ともどこか（　　　　　）。

3.　肩が（　　　　）していて、本当に男らしい。

4.　母は（　　　）なので、元気がなさそうに見られます。

5.　兄は病気ですっかり頬が（　　　　）しまった。

6.　（　　　　　）な人柄がよく出ています。

7.　あの人の福々しい顔を見ていると、気持ちが（　　　　）。

8.　「ああしろ、こうしろ」とあのひとはいつでも（　　　　　）。

9.　ベストを尽くしたという思いがあるからか、彼の態度は（　　　　）いる。

10.　都会人はいつでも時間に追われて（　　　　　）。

11.　人込みで一行に（　　　　）てしまった。

12.　社員のやる気を（　　　　）会社は強くなる。

13.　あの部長は部下の失敗を（　　　）てくれる。

14.　長のつかない一般の社員のことを（　　　）と言う。

15.　バブル経済が（　　　）て倒産する会社が続出した。

（　自信に満ちて　　和む　　こける　　平社員　　ざっくばらん　　がっしり
猫背　　はぐれる　　すらり　　引き出す　　おしつけがましい　　かばう
せかせかしている　　　はじける　　よそよそしい　）

31) 性格

① 上司がさっぱりした人だと、部下も相談しやすい。

② 江戸っ子は竹を割ったような性格だと言われるけど、本当かな。

③ やんちゃな子でいたずらばかりして、困っています。

④ どんな失敗をしてもくよくよしないところが、私の取り柄です。

⑤ 今回の役員は協調性のある人ばかりで、運営しやすい。

⑥ 彼は年が若いのにもかかわらず、やることに如才がない。

⑦ てきぱきした性格の人の仕事は見ていて気持ちがいいね。

⑧ ややこしい問題だから、解決は気長に待つしかない。

⑨ 釣りは、のんびりした人よりもせっかちな人のほうが向いているそうですね。

⑩ 失敗を怖がらず、何度もトライするチャレンジ精神が必要です。

⑪ 負けず嫌いな性格が彼にはプラスに働いている。

⑫ 生活が不規則になりがちですから、自己管理能力が求められます。

⑬ あきらめが早かったり、飽きっぽい性格ではなく、ちょっとしつこいくらいがいい
　　でしょう。

⑭ 素直で、真面目で、慎重な人が向いています。

⑮ 会社内のできごとをよく知っていて、記憶力がよく、責任感が強い人が向いて
　　います。

32) 感情・心理 1

① こちらの都合も聞かずに「家に泊めてくれ」と言うのはあまりに図々しい。

② その惨事のすごさに息を呑んだ。

③ お化け大会では肝を冷やしました。

④ 強盗に入られて、腰を抜かしてしまった。

⑤ 見事な職人芸に舌を巻いた。

⑥ 階段から落ちそうになってはっとした。

⑦ 思わぬところで彼に会ってびっくりした。

⑧ 急に車が飛び出して来て、ひやっとした。

⑨ この喫茶店はとても居心地がいい。

⑩ 春になるとなぜかうきうきする。

⑪ すてきな音楽にうっとりしてしまった。

⑫ 心地よい風が吹いてきますね。

⑬ 彼は真面目で頼もしい人だ。

⑭ お風呂に入ってさっぱりした。

⑮ 集中力があり、手先が器用で、細かいことに気がつく人が合います。

問題2　下の語群から適した言葉を選んで必要な場合は形を変えカッコに入れ、文を完成させなさい。

1.　夏休みが近づくと（　　　　　）する。

2.　彼の冗談で雰囲気が（　　　　　）だ。

3.　あの説教には（　　　　　）するよ。

4.　人前でからかわれて（　　　　　）た。

5.　天災を（　　　　）でも仕方がないけど、悔しい。

6.　小さなことにいつまで（　　　　　）ているの。

7.　彼の性格の良さに（　　　　）たね。

8.　もしかして、彼に（　　　　）の。

9.　若い頃はスターに（　　　　）ものだ。

10.　手続きが間に合って（　　　　）した。

11.　怖がらなくてもいいよ。この犬は（　　　　）ないから。

12.　（　　　）帰って来るように祈っている。

13.　この子の身勝手には手を（　　　）ています。

14.　期待はずれで（　　　　）た。

15.　（　　　）ところで負けてしまった。

（　気持ち悪い　　恨む　　無事に　　がっかりする　　腹を立てる　　惜しい　　惚れる

　ほっと　　憧れる　　焼く　　気がある　　かむ　　うんざり　　わくわく　　和む　）

33) 感情・心理 2

① 挫けることなく努力しない。（좌절하다. 약해지다）

② 仕事に行き詰まっているんだ。（정체상태에 빠지다. 길이 막히다）

③ 娘の結婚問題に頭を悩ませている。

④ 誰も喜んでくれないから張り合いがない。（보람이 없다）

⑤ もう見切りをつけて他の道を進んだら。（단념하다）

⑥ 張り切っていたのに雨で中止になるなんて拍子抜けしたよ。（의욕에 차있다）（맥빠짐）

⑦ 不況に喘ぐ。（～に苦しみ悩む）

⑧ 悩みのない青春なんてないよ。

⑨ あの人に会えると思うとときめいてくる。

⑩ 拗ねてばかりいず、積極的に生きなさい。

⑪ 仲間はずれにされていじけているんだ。

⑫ ライフワークに打ち込む。

⑬ きれいな女性にすぐのぼせるんだから。　　（～에 빠지다）

⑭ 読書に耽る毎日です。

⑮ この事業だけは身を入れてやりたい。

問題3　次の文のカッコに適した言葉を下の語群から選んで入れなさい。

1.　梅雨で外に出られないと（　　　　　）。

2.　サッカーの試合で10対 0 で負けるとは、（　　　　　）。（人目に対して体裁が悪い）

3.　はしたない格好は（　　　　）。（他人の行為や態度に対して）

4.　（　　　　　）、感謝しております。

5.　久し振りに故国の土を踏んで、何ともいえない（　　　）むせんだのである。

6.　どっちの道へいったらいいのか、（　　　）。

7.　そんなにほめられると（　　　　　）。

8.　彼と僕とは　（　　　　）仲でしてね。

9.　つい（　　　　）楽しんでしまった。

10.　あまり青少年を（　　　　）ないでほしい。

（　我を忘れて　　戸惑う　　気の置けない　　みっともない　　惑わせ

照れます　　気が滅入る　　感激に　　見苦しい　　ご親切の数々　）

34) 感情・心理 3

① 失恋して沈んでいる。

② 親は子供の行動にもっと気を配るべきだ。

③ 今日の感動を心に刻んで再出発だ。

④ 真心で接すれば、誰とでも心が通うさ。

⑤ 歳末はどうしても気が急くものだ。

⑥ 恩師の言葉を心に留める。

⑦ それからの彼は心を入れ替えて立派な人間になった。

⑧ その患者は一晩中うめいていた。

⑨ とてもおかしいので身をよじって笑った。

⑩ 面白い顔をするので思わず吹き出した。

⑪ 悲しい話に目頭が熱くなってきた。

⑫ おいしい料理を十分に堪能した。

⑬ ぐずぐずしているのを見ると、むかつく。

⑭ 望みは何？　何でもかなえてあげるよ。

問題4　次の文のカッコに適した言葉を下の語群から選んで入れなさい。

1.　泣くだけ泣いたら（　　　　　　　）。

2.　騒音がうるさくて、（　　　　　　　）。

3.　地図を見て異国に（　　　　　　）のは楽しい。

4.　何が気に食わないのですか。何か（　　　　　）ことでもしましたか。

5.　急にわめいたかと思うと急にさめざめと泣き出す。なんて（　　　　　　　）な人物だ。

6.　夏休みに近づくと（　　　　　　　）。

7.　この励ましの言葉をしっかりと（　　　　　）がんばるんだよ。

8.　部長のとくとくと喋る自慢話は部下の失笑を（　　　　　）。

9.　面白い映画だったので（　　　　）大笑いした。

10.　何を食べても「おいしい」と言わないんだから、（　　　　　　）がないわ。

（　気が済んだ　　　腹を抱えて　　　心に留めて　　　心が弾みます　　　気に障る

　心を馳せる　　　人騒がせ　　　張り合い　　　気が散る　　　買った　）

2章 いろいろな使い方のある動詞

1. あける ＜明ける・ 開ける・空ける＞

1) 明ける　　　　　　「夜・年・喪」が明ける。

① 밝아지다.　　「夜」が明ける。　　　cf.　夜が更ける。（밤이 깊어지다.）

② 새해가 되다.　「年」が明ける。　明けましておめでとうございます

③ 끝나다.　「喪」があける。탈상하다.

　　　　　「梅雨・連休」が明ける。　週明け（보통 월요일을 말함）

2) 開ける

① 열다⇔닫다　開ける ⇔ 閉める

　「窓・店（日々の営業）・ふた・ドア・かばん・カーテン・冷蔵庫・ハンドバック」

　を開ける。　⇔閉める

② 벌리다. (눈을)뜨다.　開ける ⇔ 閉じる

　「口・目」を開ける。　cf. 잠이 깨다. 잠을 깨다. 「目が覚める・目を覚ます」

③ 뚫다. 열다. 「穴・道・口・目」を開ける⇔ふさぐ「막다. 눈을 가리다. 입을

　가리다.」

♥ 開く・開く

A.　열리다.　開く⇔閉まる「踏み切りの遮断機・自動扉・店（終業・休業）」が開く。

B.　펴다. 열다.　開く⇔閉じる「本・手・扉（両開き）・店（新規開業」を開く。

C.　피다.　開く⇔しぼむ「花が開く。」

D.　펴다.　開く⇔すぼめる「傘を開く。」

E.　개최되다.　開く⇔終わる「会議・競技大会・催し」が開く。

F.　막이 열리다.　開く⇔閉じる　「オリンピックの幕が開く。」

3）空ける

비워놓다.

「家・時間・席・予定・部屋・スケジュール・中身」を空ける。

店先に自転車を止めたら、ここは人が出入りするので、空けておいてくださいと言われてしまった。

添削で赤字を入れるので、1行ずつ空けて書いてください。

♥ あく（開く・空く）

A. 열리다. 風でドアが開いた。

あのう、ハンドバックの口が開いていますよ。

B. 비다.「時間・予定・スケジュール」が空く。

金曜日の3時からなら、スケジュールが空いているけど……

C. 쓰이지 않다. 놀다.「パソコン・コピー・道具・洗濯機・機械」が空く。

コピーが空きましたので、どうぞおつかいください。

C.（구멍이）생기다. 나다. 뚫리다.「穴・すきま・間・間隔」が空く。

電車とホームの間が広く空いておりますので、ご注意ください。

2. あげる ＜上げる・挙げる・揚げる＞

1) 上げる

① 주다.　母の誕生日にハンドバッグを上げる。

② 높은 곳으로 이동시키다.　荷物を棚に上げる。娘を大学に上げる。

❸ 수준을 높이다.

「値段・温度・給料・成績・地位・腕・スピード・利益・効果」を上げる。

④ 범위 내에서 끝내다.

「仕事・レポート」を上げる。「安く・1週間で」上げる。この仕事を安く上げる

ために、質を落とした。

⑤ 소리지르다.

「歓声」を上げる。ロスタイムに決勝点を入れると、サポーターは歓声を上げた。

2) 挙げる

① 구체적인 예를 들다.

「名前・例・数字」を挙げる。

② 찾아내다.

「犯人・証拠」を挙げる。

③ 능력을 다하다.

「勝つために全力」を挙げる。

④ 거국적으로

「国を挙げて」

⑤ 좋은 결과를 내다.

「利益・効果」を挙げる。

3) 揚^あげる

① 튀기다.

ナスのてんぷらを揚げる。

3. かける ＜掛^かける・欠^かける・駆^かける・賭^かける・架^かける＞

1) 掛^かける

① 걸다. 채우다.

「ドアの鍵^{かぎ}・洋服^{ようふく}のボタン・看板^{かんばん}・壁^{かべ}にカレンダー」をかける。

② 높은 곳에 걸다.

「洋服^{ようふく}をハンガーにかける・屋根^{やね}にはしごをかける」

③ 들이다. 걸리다.

「時間・お金・手間^{てま}・費用^{ひよう}」をかける。「土^ど・日^{にち}にかけて」

④ 작동시키다.

ブレーキをかける。コンピューターにかける。機械^{きかい}にかける。　브레이크 밟다. 컴

퓨터로 처리하다. 기계를 작동시키다.

エンジンをかけたら、変^{へん}な音^{おと}がするのに気がついた。（⇔切る）　시동 걸다.

掃除機^{そうじき}をかける。そろそろ髪^{かみ}をカットして、パーマをかけよう。　청소기를 돌리다.

파마하다.

「ラジオ・ＣＤ」をかける。（テレビジョンは「つける」만 사용하지만, 라디오는 양

쪽 다사용) 라디오를 켜다.

アイロンをかけてから、ミシンをかけると、きれいに仕上^{しあ}がる。（＝使う）다림질 하

다. 재봉틀 질 하다.

⑤ 보험에 들다.　保険をかける。

⑥ 과세하다.　日本では遺産相続には、高い税金をかける。

⑦ 교배하다.　じゃがいもにトマトをかけて、ポマトができた。

⑧ 애태우다.　高校の頃はオートバイを乗り回して、親に迷惑をかけた。

⑨ 고생 시키다.　この会社を作ったころには妻にずいぶん苦労をかけた。

⑩ 위에 얹다.

　フライパンを火にかける。

　川にはしをかける。ふとんを２まいかけないと寒い。다리 놓다. 이불 덮다.

　めがねをかけて本を読む。そのこづつみにひもをかけて、よくしばってください。

　안경 쓰다. 끈을 두르다.

　どうぞそのいすにおかけください。　本にカバーをかける。　의자에 앉다. 커버를 씌우다.

⑪ 걱정하다.　親のことを心にかけてはいるんですが、

⑫ 이쪽의 활동・행동이 다른 것에 영향을 미치다. 전화 걸다. 말을 걸다. 걱정 끼치다. 폐를 끼치다.

　「電話・声・心配・面倒」をかける。（洋服にブラシをかけてください。）

⑬ 곱하다.　５に６をかけると30になる。

⑭ 「어떤 장소・때에서 다른 장소・때까지 쭉」「〜から〜にかけて」の形で、

　「秋から冬にかけて」　「奈良から京都にかけて見物して歩いた。」

⑮ 〜에 있어서는　テニスにかけてはあの人におよぶものはいない。

⑯ 보여드리다.　お目にかける。

2) 欠ける

① 결여 되다. 빠지다.

　このナイフは、刃がかけているので切りにくい。　茶碗の縁が欠けているものは、捨ててください。　常識がかけている人はこまる。　　cf. 歯が抜ける

② 이지러지다. 기울다.

今日が満月だから、これからだんだん月がかけていきます。

3) 賭ける

① 걸다. 도박.

マージャンにお金をかける。　「かけごと」　会社は今度の研究に、すべてをかけている。　競馬に大穴をねらって賭けたが、馬券は紙くずとなった。

4) 駆ける

① 빨리 달리다.

犬が子どもたちのあとをかけていく。

「駆け抜ける」「駆けっこ」「駆け比べ」　빠져나가다. 달음 질. 경주.

（歩く⇒走る⇒駆けるの順で速度が速くなる）

4. きく ＜聞く・聴く・ 効く ・ 利く＞

1) 聞く・聴く

① 소리나 목소리를 귀로 듣다.

「音楽・話・ＣＤ・音・サイレン」をきく。

（聴く）注意して耳にとめる。　耳を傾ける。「名曲・有権者の声」　を聴く

② 받아들이다. 들어주다.　「忠告・親の言うこと・命令・願い」をきく。

③ 답을 얻기 위해 묻다. 질문하다.　「名前・道・わからないこと」をきく。

交番で駅へ行く道を聞く。

2) 効_きく

① 효능이 있다. 어떤 작용이나 효과가 잘 나타나다.

　この薬はかぜによく効く。

3) 利_きく

① 기능이 충분히 유효.

　「ブレーキ・コショウ」が利く。この肉料理_{にくりょうり}はコショウがよく利いて、おいしい。

　彼は右手よりも左手_{ひだりて}がよく利く。　猫は暗い所でもよく目が利く。

　犬は鼻_{はな}がよく利く。　けがをして体の自由_{じゆう}が利かない。

② 신경을 쓴다.

　彼は若_{わか}いけれど、よく気が利く。

③ 냄새를 잘 맡다. (신용이나 힘이 있어서)어지간한 억지도 통하다. 자잘한데 까지
　생각이 잘 미치다/ 멋이 있다. 손 재주가 있다(좋다). 「鼻・顔・気・手」が利く。

④ 잘 움직이고, 잘 일한다.

　骨折_{こっせつ}して、いまは右手が利かない。左手で食べている。

⑤ 세탁이 잘 되다(때가 잘 빠지다). 무리가 통하다. 전망할 수 있다. 전망이 가능하다.
　「洗濯_{せんたく}・無理_{むり}・見通_{みとお}し」が利く。

5. きる　＜切る＞

① 자르다. 「紙・つめ・髪_{かみ}の毛_け・体_{からだ}の部分_{ぶぶん}」を切る。

② 끄다. 끊다.

　「電話・スイッチ・テレビ・関係_{かんけい}」を切る。　悪い仲間_{なかま}と手を切った。

　駐車中_{ちゅうしゃちゅう}は車のエンジンを切ってください。（＝止める⇔かける）

③ 밑돌다. 東京都_{とうきょうと}で1世帯_{せたい}あたりの平均人数_{へいきんにんずう}が2人を切る。　円は1ドル100円を切った。

④ 틀다. 꺾다.　飛び出_と_だした子供を避_さけるため、ハンドルを右に切った。

⑤ 잘 섞다.　　トランプはよく切って配る。

⑥ 없애다.　　　サラダの野菜は洗ったら、よく水を切ってください。（＝取り除く）

⑦ 사진을 찍다.

　　美しい富士山を撮ろうと何時間も待って、ようやくシャッターを切った。（写真を撮る）

⑧ 봉투를 열다.　　母からの手紙の封を切る。（＝開ける）

⑨ 결정하다.　　レポートの提出期限を切る。（＝決める）

⑩ 작성하다.　　倉庫から事務用品を出すために、出庫伝票を切る。（＝作る）

⑪ 해고하다.　　採算が合わなくなったので、社員の首を切らなければならない。（＝首

にする・辞めさせる）

＜切れる＞

① 背広の袖口が切れた。　　마찰에 의해 해지다.

② あっ、階段の電球がまた切れた。　끊겨 작동하지 않다. 나가다.

③ 雲が切れてきたから、この雨も止むでしょう。걷히다.

④ 薬・麻薬が切れる。麻酔が切れる。중도에 없어지다. 깨다.

⑤ このごろ階段を上ると息が切れる。숨이 차다.

⑥ 正座するとしびれが切れる。발이 저리다.

⑦ 故障を起こした飛行機からの連絡が切れた。끊기다.

⑧ この牛乳は、明日で賞味期限が切れる。기한을 넘기다.

⑨ 地下鉄の定期が切れているのに気がつかなかった。기간이 끝나다.

6. つく ＜着く・就く・突く・点く・付く＞

1) 着く

① 이동하여 어떤 장소에 이르다. 電車が駅に着いた。　着いたら手紙をくださいね。

2) 就く

① 어떤 위치에 오르다. 잠자리에 들다.　営業の仕事に就いた。　社長の座に就いた。

　10時ごろ床に就きました。

3) 突く

① 찌르다.　彼女の弱点を突いたら、泣いてしまった。

4) 点く

① 켜지다.

　「火・電気・ガス」が点く。　暗くなると、自然に明かりが点く。

5) 付く

① 붙다. 묻다. 남아 있다.

　「口紅・ごみ・ほこり・髪の毛」が付いている。こののりは紙でも木でもよく付く。

　車には食堂車がついている。公団住宅に入るには、いろいろな条件がつく。（＝ある）

　白いブラウスにしみがついた。（跡が残る）

　雪の上にウサギの足跡がついていた。犯人の指紋がついたナイフが見つかった。

② 함께하다.　彼は運が付いていると見えて、何をしてもうまくいく。

③ 재수가 없다.　今日はついていないなあ、滑って転んで骨折した。（幸運にめぐまれ

　ない）

④ 뒤따라 가다.　母について買い物に行きました。　部長について、ニューヨークまで行かなければならない。

⑤ 눈에 띄다.　目につくところに広告をだす。

⑥ 싫증나다.　どんなにおいしい食べ物でも、毎日食べると鼻についてくる。

⑦ 결심이 서다.　アドバイスを受けて、決心が付いた。

⑧ 알아차리다.　忘れ物をしたことに気がついた。

⑨ 일이 손에 잡히지 않다.　子どもの病気が心配で、仕事が手に付かない。

⑩ 늘어나다.　銀行にお金を預けると利子がつく。

⑪ 시들지 않고 자라다.　去年庭に植えた桜の木がうまくついて、花が咲いた。

⑫ 거짓말 하다.　雅夫君はうそをついてもすぐばれる。(＝言う)

⑬ 모여들다. 꾀다.　この店の靴は、はき心地がいいので多くの客がついている。(⇔離れる)

⑭ 할 수 없다.　宇宙に関しては、説明のつかないことがいろいろある。(＝できない)

⑮ 자신이 붙다.　자신감이 생기다.　一度うまくいくと、自信がつく(⇔失う)。この問題集をやれば実力がつく。(出てくる)

⑯ ～이므로. ～에 의해. (회화에서는 사용 안 함)　満員に付きしめきりました。

問題1 { 　　　 } の中から適当な言葉を選んで形を変えて（　　）に入れなさい。

{ 空ける　効く　かける　点く　上げる }

1．電気が（　　　）ているから、きっと部屋にいるよ。

2．レポートを早く（　　　）、映画を見に行きたい。

3．テーブルにテーブルクロスを（　　　）。

4．寝る1時間前に飲むとよく（　　　）。

5．せっかく時間を（　　　）待っていたのに、学生は来なかった。

問題2 { 　　　 } の中から適当な言葉を選んで（　　）に入れなさい。

{ 全力　薬　夜　時間　鍵 }

1．外出の時、（　　　）をかける。

2．ライバルチームとの決戦のために（　　　）を挙げて戦った。

3．お医者さんは、父に説明するための（　　　）を取ってくれた。

4．（　　　）が効いた。痛くなくなった。

5．（　　　）が明ける前に、車で逃げ出した。

7. とる ＜取<ruby>と</ruby>る・捕<ruby>と</ruby>る・採<ruby>と</ruby>る・撮<ruby>と</ruby>る＞

1）取<ruby>と</ruby>る

① 집다. 들다.　　はしを取る。（⇔置<ruby>お</ruby>く）　　しょうゆを取ってください。

② ～하다.　「連絡<ruby>れんらく</ruby>・メモ」を取る。（記入<ruby>きにゅう</ruby>する）

③ 없애다. 제거하다.

　「汚<ruby>よご</ruby>れ・痛<ruby>いた</ruby>み・ふた・くさ・熱<ruby>ねつ</ruby>・疲<ruby>つか</ruby>れ」を取る。

④ 수합. 모음.

　この地域<ruby>ちいき</ruby>は火<ruby>か</ruby>・金曜日<ruby>きんようび</ruby>にごみを取りにくる。（＝集<ruby>あつ</ruby>める）

⑤ 열다.　「鍋<ruby>なべ</ruby>・おわん」のふたを取る。（⇔する）

⑥ 빼앗겼다. 빼앗다.　電車の中で財布<ruby>さいふ</ruby>を取られた。

⑦ 풀다.

　「マフラー・スカーフ・ネクタイ・帯<ruby>おび</ruby>・ベルト・指輪<ruby>ゆびわ</ruby>・腕時計<ruby>うでどけい</ruby>・手袋<ruby>てぶくろ</ruby>」を取る。

　（⇔する）

⑧ 씨름하다.「相撲取<ruby>すもうと</ruby>り」とは相撲<ruby>すもう</ruby>を取ることを職業<ruby>しょくぎょう</ruby>にしている人のことで、力士<ruby>りきし</ruby>

　ともいう。

⑨ 취하다.　「食事<ruby>しょくじ</ruby>・注文<ruby>ちゅうもん</ruby>・９０点・料金<ruby>りょうきん</ruby>・栄養<ruby>えいよう</ruby>・睡眠<ruby>すいみん</ruby>・年<ruby>とし</ruby>・許可<ruby>きょか</ruby>」を取る。

⑩ 받다.　「月給<ruby>げっきゅう</ruby>・休<ruby>やす</ruby>み・税金<ruby>ぜいきん</ruby>・授業料<ruby>じゅぎょうりょう</ruby>・免許<ruby>めんきょ</ruby>・単位<ruby>たんい</ruby>・資格<ruby>しかく</ruby>・博士号<ruby>はかせごう</ruby>」を取る。

⑪ 걸리다.「時間・手間<ruby>てま</ruby>」を取る。

⑫ 자리잡다.　차지하다.

　早く行って、あなたの席を取ります。家具<ruby>かぐ</ruby>が場所<ruby>ばしょ</ruby>を取るので部屋<ruby>へや</ruby>がせまくなる。

⑬ 측정하다.　美人<ruby>びじん</ruby>の看護婦<ruby>かんごふ</ruby>に脈<ruby>みゃく</ruby>を取ってもらいたい。

⑭ 운전하다.　そのとき、船<ruby>ふね</ruby>の舵<ruby>かじ</ruby>を取っていたのは船長<ruby>せんちょう</ruby>だった。

⑮　주문하여 가져오게 하다. 배달 시키다.

うちは新聞を二つ取っている。ちょうどお昼だから、寿司でもとりましょう。

食堂へ行かないで、部屋で取って食べた。

⑯　떼다.　ボタンを取る。（⇔つける）

⑰　이불을 깔다.　もう疲れたので、床を取ってください。（準備する）

⑱　영양을 섭취하다. サラダばかり食べないで、まんべんなく栄養を取ったほうがよい。

⑲　돈을 받다.　　入り口で会費を取られた。ここに車をおくと、駐車料金を取る。

⑳　우려내다.　吸い物のだしは昆布と鰹節で取る。

㉑　기록하다.　レコーダーにインタビューを取る。

2)　採る

①　채취하다.

「山菜・きのこ・花」を採る。このたけのこは、今朝山で採れたばかりです。

②　채용하다.　会社は毎年新入社員を30名ぐらい採るが、半分ぐらいはすぐ辞める。

3)　捕る

①　잡다.　「魚・虫・鳥」を捕る（＝捕まえる）。　猫がネズミを捕る。

4)　撮る

①　사진을 찍다.　写真を撮る。

②　촬영하다.　明日の朝、胃のレントゲンを撮りますから、朝の食事はしないこと。

「取る」の慣用表現

「年を取る」・・・・・・・・・・・・・・・・・・・・・・・	나이 먹다. 늙다.
「きげんを取る」・・・・・・・・・・・・・・・・・・・・	남의 비위를 맞추다.
「責任を取る」・・・・・・・・・・・・・・・・・・・	책임지다.
「とこを取る（寝るためにふとんをしく。）」・・・・・・	이불을 깔다.
「寸法を取る（ものさしで長さ・大きさをはかる。）」・・・	치수를 재다.

8. のる　＜乗る・載る＞

1）乗る

① 타다.　電車に乗る。

② 응하다.「誘い・相談」に乗る。　先生は学生の就職の相談に乗った。

③ 타다.　「風・電波・黒潮・流れ・波・調子・ブーム・音楽・リズム」に乗る。

彼の本は絵ブームに乗って、50万部売れた。

④ 令다.　その手（＝やり方）には乗らない。

2）載る

① 실리다. 게재되다.　事件が新聞に載った。

9. あたる　＜当たる＞

① 맞다.　武がとばした石が雅夫に当たった。(⇔外れる)

② 부딪치다.　激しい雨が窓ガラスに当たって、大きな音を立てている。(＝ぶつかる)

③ 볕이 들다.　縁側に日が当たって、猫が気持ちよさそうに寝ている。

④ (불을)쬐다.　寒い朝は生徒たちがストーブに当たりながら話している。

⑤ 예상이 적중하다.　この会社の株価が上がるという彼の予想が当たった。(⇔外れる)

⑥ 유명해지다.　老人問題を扱ったその小説は当たった。

⑦ 해당되다.　野中さんは私のいとこに当たる。

⑧ 방향에 있다.　私の家は渋谷駅の北に当たる。

⑨ 임무를 수행하다.　警察は歳末の特別警戒に当たった。

⑩ 지명 받다.　数学の時間に真っ先に当たって、答えが分からなかった。

⑪ 조사하다.　多摩川上水に関しては、もう少し古文書に当たってみます。

⑫ 문의해보다.　桜銀行がだめなら、日本銀行に当たってみよう。

10. ひく　＜引く・退く・弾く・轢く・挽く＞

1) 引く

① 잡아당기다.　このレバーを引くと、本棚が回転して酒の棚になる。(＝引っ張る⇔押す。)

② 손을 잡고 이끌다.　子供の手を引く。

③ 제비를 뽑다.　だれが茶碗を洗うかくじを引いて決めよう。初詣に行っておみくじを引いた。

④ (땅에) 질질 끌다.　長く引いた花嫁衣裳がとても美しかった。

⑤ 끌어들이다.　長い間プロパンガスを使っていたが、ようやく都市ガスを引いた。

⑥ 사전을 찾다.　分からない単語が出てきたら、すぐ辞書を引こう。

⑦ 그리다. 긋다.　図面を引く。歩道のない道路は白い線を引いて、歩道にしている。

⑧ 빼다. 공제하다.　給料から税金・保険料を引かれた。（＝引き去る）

⑨ 늘이다.　若者が「うっそう・それでえ」と語尾を長く引いて話す。

⑩ 빠지다.　大雨でこの辺りも水がでたが、雨がやんだらすぐ水は引いた。（⇔増す）

⑪ 땀이 식다.　テニスの後、木陰で休んだから汗が引いた。（⇔出る）

⑫ (재능 ・혈통을)이어받다.　岡田さんは母親の血を引いて、音楽の才がある。

⑬ 인용되다.　彼は商売の神様といわれ、よく例に引かれる。（＝挙げられる）

⑭ 좋아서　勉さんは理沙さんの優しさに引かれて結婚した。（好きになる）

2) 弾く

① (현악기를)타다. 켜다.「ピアノ・バイオリン・チェロ・ハープ・琴・三味線」を弾く。

3) 退く

① 물러나다.　会社では第一線を退いて、窓際にいる。身を退く。

4) 轢く

① (차에)치이다.　飛び出した子供を轢いてしまった車がそのまま逃げた。（事故を
　　　起こす）

5) 挽く

① 갈다. 얇게 저미다.　コーヒー豆を挽く。牛肉を挽く。

11. やぶる ＜ 破る＞

① 찢다.　「布・紙・服・本・手紙・写真」を破る。

② 어기다.　「規則・約束・ルール・法律」を破る。　タバコをやめるという妻との約束を破った。

③ 무찌르다.　「敵・ライバル・相手・優勝候補」を破る。　長年のライバルを初めて破った。

④ 깨뜨리다.　「型・伝統・以前のやり方・記録」を破った。　新人は前チャンピオンが出した世界記録を破った。

12. わる ＜ 割る＞

① 깨다.　皿を割った。

② 나누다.　20を5で割ると、答えは4である。

③ 다른 것을 섞어 묽게 만들다.　ウイスキーを水で割る。

④ 어느 기준수치를 밑돌다.　「～の大台・定員数・募集人員」を割る。

入場者数は5000人を割った。　（株価は900円の大台に乗せた。주가는 900엔대로 올라섰다）

⑤ 입을 열다.　容疑者はついに口を割った。

【問題3】 {　　　　} の中から適当な言葉を選んで形を考えて（　　）に入れなさい。

{あふれる　引き返す　当たる　引く　持ち返す　招く　破る　乗る　割る　取る}

1. 激しい雨が窓ガラスに（　　　　）て、大きな音を立てている

2. 少子化で将来、入学定員を（　　　　　）大学が増える恐れがある。

3. 若いピアニストの才能に（　　　）演奏に観衆は感動した。

4. 機械の修理のミスが、事故を（　　　）。

5. 伝統が大切な歌舞伎界に、その伝統を（　　　　）役者が現れた。

6. 禁酒しなさいと言われているが、同僚の誘いに（　　　）てしまった。

7. 18歳になってすぐ運転免許を（　　　　）。

8. 彼は商売の神様といわれ、よく例に（　　　）れる。

9. 工事中で通れなくなっていたので、（　　　　）しかなかった。

10. 祖父はお医者さんの適切な治療のおかげで、何とか（　　　　　）。

3 章 動作の表現

1. いろいろな動作のことば

① お辞儀をする：「いらっしゃいませ」と、店員は丁寧にお辞儀をした。

② かける：　疲れたので、どこか腰をかけるところはないかな。

③ かしげる：「なぜ鍵が開いているの？」と、彼女は首をかしげた。

④ 組む：　面接の時、足を組むのはよくない。

⑤ 蹴る：　石を思い切り蹴ったら、人に当たってしまった。

⑥ 転ぶ：　私はスキーは得意ではないので、さっきから転んでばかりだ。

⑦ しゃがむ：　写真を撮るので、2列になって前の人はしゃがんでください。

⑧ 吸う：　息をゆっくり吸って、吐いて。落ち着きましたか。

　　　　　　息をする。深呼吸する。　cf. ため息をつく。

⑨ たたく：　花婿花嫁をみんな手をたたいて迎えた。

⑩ つかむ：　電車が急に揺れたので思わず夫の腕をつかんだ。

⑪ つく：　父が酔っ払って帰ってきたのを見て、母は大きくため息をついた。

⑫ つなぐ：　子供はお母さんとうれしそうに手をつないで歩いていた。

⑬ つぶる・つむる：　プレゼントをもってきたから、目をつぶって、手を出して。

⑭ 殴る：　ボクシングはお互いに殴りあうスポーツだ。

⑮ 投げる：　ちょっとその消しゴムをこっちになげてくれる？

⑯ 握る：　その子はおもちゃを握って、離さなかった。

⑰ 抜く：　そんなに緊張しないで、肩の力を抜いてください。

⑱ 伸ばす：　腕を伸ばしたけれども、棚の上の物には届かなかった。

⑲ 振り向く/ 振り返る：　後ろから呼ばれたので振り向いた。cf. 少年時代を振り返る。

⑳ 振る：　彼女は「さよなら」と手を振った。

㉑ 曲げる：　お風呂が狭いので、足を曲げないと入れない。

㉒ 向く：　下を向かないで、ちゃんと前を向いて歩きなさい。

㉓ 回る：　犬はうれしそうに、私の周りをぐるぐる回った。

2. マニュアルに関する 表現

① 受信⇔送信：　メールを友達に送信する。友達から受信したメールを読む。

② 送信済み⇔未送信：　送信済みと思っていたら、未送信だった。

③ 作成する：　メールを作成する。

④ 入力する：　メールを書く時には、画面に書きたいことを入力する。

⑤ 修正する：　メールの間違いを修正する。

⑥ 問い合わせる：　電話会社に料金を問い合わせる。

⑦ 設定する：　パスワードを設定する。

⑧ 登録する：　電話帳に名前、電話番号、メールアドレス、住所を登録する。

⑨ 未読：　しばらくメールをチェックしなかったから、未読メールが50件もある。

⑩ 題名/ 件名：　わかりやすい題名を付けると、後で探しやすくなる。

⑪ 添付する：　撮った写真を画像ファイルとして添付する。

⑫ 保存する：　送信したメールを保存しておく。저장하다.

⑬ 転送する：　面白い画像が届いたので、友人に転送した。

⑭ つなぐ/ 接続する：　データ通信カードを使って、インターネットにつなぐ。

⑮ 検索する：　知らない言葉やわからない言葉をネットですぐ検索する。

⑯ 署名登録：　署名登録をすると、自動的に自分の名前や電話番号などが付く。

⑰ 印刷/ プリント：　書類を4枚ずつ印刷してください。

⑱ 編集する：　集まった記事を編集する。

⑲ コピーする/ 複写する：　書類をコピーする。

⑳ コピー&ペーストする/ コピペする：　他の文書からコピペして書類を作成する。

㉑ 削除する：　読んで不要になったメールを削除した。

㉒ 表示⇔非表示：　箱の上に製品番号が表示してあります。

㉓ 隠す：　不必要なツールバーを隠した。

㉔ 拡大する⇔縮小する：　文字を拡大しないと小さくてよく見えない。

㉕ 消去する：　人に見られたくない履歴を消去した。지워 없애다.

㉖ 追加する：　面白いウェブサイトをブックマークに追加した。

㉗ ダウンロードする：　ダウンロードする時は、ウイルスに気をつけること。

3.「〜い→　〜まる/める」

① 早い → 早まる：相手会社の都合で、出張の予定が二・三日早まる。앞당겨지다.

　　　　→ 早める：出張の予定を早める。앞당기다.

　　　　〔時期・予定・時間・開始・季節・スタート〕

② 速い → 速まる：地球温暖化のスピードが速まる。(속도가)빨라지다.

　　　　→ 速める：コピー機のコピーのスピードを速める研究をしている。

　　　　스피드를 높이다.

　　　　〔回転・スピード・効果・展開・ペース〕

③ 高い → 高まる：女性の地位が高まる。향상되다.

→ 高める ：彼は予選を1位で通って、金メダルの期待を高めた。높이다.

〔期待・気分・関心・質・地位・性能・水準・声〕

④ 暖かい → 暖まる ：暖房をつけたら、10分で暖まる。따뜻해지다.

→ 暖める ：部屋を暖めるため、暖房をつけた。따뜻하게 하다.

〔部屋・空気・席〕

⑤ 温かい → 温まる ：スープが温まったので、いただきましょう。데워지다.

→ 温める ：電子レンジで料理を温める。데우다

〔食べ物・体・料理〕

⑥ 強い → 強まる ：風が強まる。세지다.

→ 強める ：ガスの火を強めて、お湯をわかした。세게 하다.

〔風・雨・火・反射・体制・影響・傾向・力・パワー〕

⑦ 弱い → 弱まる ：社長の一言で反対が弱まった。약해지다.

→ 弱める ：反対を弱めるため、反対派の意見を取り入れた。약하게 하다.

〔風・雨・火・反射・体制・影響・傾向・力・パワー〕

⑧ 固い → 固まる ：大学進学の決心が固まった。확고해지다.

→ 固める ：長女は進学の決心を固めたようだ。굳히다.

〔決意・態度・考え・計画・プラン〕

⑨ 薄い → 日本酒をちょっと入れると、塩味が薄まる。묽어지다. 싱거워지다.

→ 健康のため、塩味をちょっと薄める。묽게 하다. 싱겁게 하다.

〔味・色・傾向・効果・濃度〕

⑩ 深い → 深まる ：調査対象を広げて内容が深まった。깊어지다.

→ 深める ：レポートの内容を深めるため、様々な本を読んだ。깊게 하다.

〔秋・春・内容・テーマ・愛情・季節〕

⑪　広い　→　広まる　：新しいレストランはおいしいという**評判**が広まった。널리

　　　　　　　　　　알려지다.

　　　　　　→　広める　：彼は学校で男女は平等だという**考え**をクラス内に広めた。

　　　　　　　　　　퍼뜨리다.

　　　　　　〔うわさ・**評判**・**考え**・**知識**・ブーム〕

⑫　丸い　→　丸まる　：寒い日には、**猫**が**丸まって寝**ている。둥그렇게 되다. 새우잠을

　　　　　　　　　　자다.

　　　　　　→　丸める　：悪かったテストを**丸めて捨**てる。둥글게 뭉치다.

　　　　　　〔紙・カレンダー・ゴミ・セーター〕

4.「〜しい→　〜しむ」「〜しい→　〜む」「〜ましい→　〜む」

①　怪しい　→　**怪しむ**　　　　　ヘルメットのまま**銀行**に入ったら**怪**しまれた。의심받다.

②　惜しい　→　**惜しむ**　　　　　友人との**別れ**を惜しんだ。아쉬워하다.

③　悲しい　→　**悲しむ**　　　　　**親**しかった友人の**死**を悲しんだ。슬퍼하다.

④　苦しい　→　**苦しむ**　　　　　**春先**にはいつも**花粉症**で苦しむ。고생하다.

⑤　楽しい　→　**楽しむ**　　　　　初めての**海外旅行を楽**しんだ。즐기다.

⑥　親しい　→　**親しむ**　　　　　日本のアニメが**外国**でも**親**しまれている。낯익다.

⑦　苦しい　→　**苦しめる**　　　　社長のわがままに**秘書は苦**しめられた。시달린다.

⑧　悔しい　→　**悔やむ**　　　　　あの時うそをついたのを**悔**やんでいる。후회하다.

⑨　涼しい　→　**涼む**　　　　　　夏の**夕暮**れに**川風で涼**んだ。바람을 쐬다.

⑩　好ましい　→　**好む**　　　　　お**年寄**りでもにぎやかな**音楽を好**む人がいる。좋아하다.

⑪　微笑ましい　→　**微笑む**　　　CMタレントはテレビでにっこり**微笑**んだ。미소 짓다.

5. その他

① 痛い → 痛む　　最近、悲惨なニュースが多くて、胸が痛むことが多い。아프다.

　　　→ 痛める　　サッカーをして、足を痛めた。다치다.

② 緩い → 緩む　　面接が終わって、緊張が緩んだ。풀리다.

　　　→緩める　　緊張を緩めるために、深呼吸をした。긴장을 풀다.

③ 静か → 静まる　　夕方になると、あたりが静まった。조용해지다.

　　　→ 静める　　ちょっと時間をおいて、気持ちを静めた。진정시키다.

④ 近い → 近づく　　帰国の日が近づいている。다가오다.

　　　→ 近づける　　明かりを近づけて、よく見る。가까이 대다.

⑤ 広い → 広がる　　狭かった道路が広がった。넓어지다.

　　　→ 広げる　　電車の中で新聞を広げた。넓히다.

⑥ 遠い → 遠ざかる　　船が港から遠ざかっていく。멀어지다.

　　　→ 遠ざける　　悪い友達から子供を遠ざける。멀리하다.

⑦ 薄い → 薄れる　　5年前の記憶が薄れてきた。희미해지다.

　　　→ 薄らぐ　　薬を飲んだおかげか、痛みが薄らいできた。덜해지다.

⑧ 太い → 太る　　食べ過ぎて、太った。살찌다.

⑨ 細い → 細る　　病気をしてから、食が細った。작아지다.(줄다)

⑩ 弱い → 弱る　　池の魚が弱っている。(쇠)약해지다.

　　　　　　　　　人手不足で弱っている。（＝困る）　난처해지다.

問題　（　　）の中の形容詞を、正しい形の動詞に変えなさい。

1. あのレストランはおいしいという評判が（広い →　　　　　）、いつ行っても込んでいる。

2. 戦後はアメリカの影響が（強い→　　　　）。

3. 台風は上陸後、勢力を（弱い→　　　）北上している。

4. 暖冬の影響で、桜の開花が（早い→　　　）ようだ。

5. 食べ終わった客の皿をすぐに下げたら、客の回転が（速い→　　　）。

6. すべてのスタッフを決め、仕事の体制を（固い→　　　　）。

7. 料理に日本酒をちょっと入れたら、味が（薄い→　　　）。

8. この液体洗剤は水で3倍に（薄い→　　　　　）お使いください。

9. 品質を（高い→　　）ために、工場では日夜努力していた。

10. 先週、学校でのいじめの原因を探る声が（高い→　　　）。

11. 猫は寒いのか、（丸い→　　　）、寝ている。

12. いらなくなったメモを（丸い→　　）捨てる。

13. 知識、経験を（深い→　　　）ため、工事の現場で働いた。

14. 11月になって、木々が紅葉し、秋が一段と（深い→　　）。

15. 冬は寝る前に風呂に入って、体を（温かい→　　）から寝る。

16. 部屋全体を（暖かい→　　）には、床暖房が一番だ。

17. ゼリー液を冷蔵庫に入れて30分後に見たら、もう（固い→　　）しまった。

18. アルコール中毒の人には、酒を（遠い→　　　）必要がある。

19. 両親が（悲しい→　　　）ようなことはしたくない。

20. 空港でホームスティの家族との別れを（惜しい→　　　）。

21. 体が弱かった子供のころは、本に（親しい→　　　）いた。

22.　「海外旅行ですか。どうぞお二人で（楽しい→　　　　）きてください。」

23.　父が帰宅の遅い言い訳をしたが、母は（怪しい→　　　　）いた。

24.　長い間（苦しい→　　　　）いた問題がやっと解決した。

25.　「ちょっと喫茶店で（涼しい→　　　　）いこうよ。もう暑くて。」

26.　勉強しなかったことを大人になって（悔しい→　　　　）も、遅い。

27.　うちの犬はペットフードよりご飯を（好ましい→　　　　）食べた。

28.　彼女の名前を呼んだら、にっこり（微笑ましい→　　　　）。

29.　医者に「もう大丈夫」と言われたので気が（緩い→　　　　）。

30.　修理に出したパソコンがまだ直っていなくて（弱い→　　　　）。

4 章　注意すべき基本動詞用法

1. ある

① ～이다.　「～である」

次のオリンピックはどこであるか知っていますか。

②「する」동사 못 쓰고 「ある」사용.

「才能・人気・自信・度胸・暇・夢・地震」がある。

地震があったら、まず火を消すこと。

③ 수량을 나타내는 경우는 「が」를 취하지 않는다.

千円ある。二時間ある。

例外的用法

①「子供・妻・夫・友達」등 친한 사이에서는、「ある」를 사용하는 경우가 있다.

소유의 의미.

私には兄弟があります。　（私には兄が二人います）

② 옛날 이야기에는 사람에 「ある」가 쓰이고 있다.

昔、おじいさんとおばあさんがありました。

2. する

① 몸에 부착하다.

［ネクタイ・手袋・マフラー・スカーフ・アクセサリーなど］をする。

今日は腕時計をしてくるのを忘れてしまった。

② 값이 나가다.

　このバッグ、5万円もしたんだから、大切に使わなくちゃね。

③ 시간이 경과하다.

　あと1ヵ月したら、夏休みだ。

　一年もすれば、慣れますよ。

④ 얼굴이다.　목소리이다. 체격이다.

　さっきから、梅子ちゃんは泣きそうな顔をしている。　怖い顔をする。

　あの人は、いい声をしているね。いい体格をしている。

⑤ 다치다.

　手にけがをしているので、いろいろ不便だ。

⑥ 무엇이 느껴지다. 별로 기분이 안 좋다.

　そんなことを言われると、あまりいい気持ちがしないな。

⑦ 선택

　私はコーヒーにする。あなたは何にする？

⑧ 변경

　日本もずいぶん国際化したものだ。

⑨ 소리를 크게 하다.

　音を大きくしてもらえませんか。

⑩ 직업 ・지위에 오르다.

　父は私の会社の会長をしています。　〔弁護士・医者・教授・先生〕をしている。

⑪ 뚜껑을 덮다.

　「鍋・おわん」のふたをする。　（⇔　取る）

⑫ 「漢語＋する」

　「恋する・汗する・意識する・妊娠する・成功する」

⑬ 「外来語＋する」

　「アルバイトする・プロポーズする・キャンセルする」

⑭ 냄새가 나다.

焼き鳥屋の前を通ると、おいしそうなにおいがする。

⑮「副詞＋する」

「胸がどきどきする・夜中にごそごそする・子供の目がきらきらする」

<やる>のみを用いる場合

---

① 「됐다」「해냈다」의 경우

　　　やったぁ！　合格だ！

②「술 마시러 가다. 술・담배・마약을 하다」의 경우 「する」사용 하지 않음.

どうですか、今夜一杯やりませんか。

酒はやるが、たばこはやらない。

あいつ麻薬をやっているらしい。

③ 생활 할 수 있다.

大丈夫、アルバイトだけでやっていけるよ。

④ 경영이 어려워지다.

うちの会社もついに、やっていけなくなった。

<注意>

①「朝食を取る」「意地を張る」「皮肉を言う」「非行に走る」

②「詐欺を働く」「麻酔をかける」「塩を振る」の 경우 「する」도 가능.

단, 「塩をする」는 요리의 밑간을 하다는 뜻. 식탁에서 요리에 소금을 칠 때는 사용 안 함.

③「ピアノ（のけいこを）する」「テニス（の練習を）する」

3. できる

① 생기다. 발생하다. 만들어지다. 여분의 것이 생기다.

ちょっと来ない間に、また駅前に新しい店ができていた。

「おでき・にきび・あざ・こぶ 等」ができる。　「がん・水虫」ができる。

急用ができたので、今日はお先に失礼します。

ドアに頭をぶつけて、こぶができちゃった。

日本の家は木と紙でできていると言われた。

② 능력이 있다.

あの人、仕事ができるから、出世も早いと思うよ。

③ 인품이나 품질이 뛰어나다.

田中君は、若いのに人間ができているね。

④ 완성.

書類ができたら、送りましょう。宿題ができた。 料理ができたから、さあ、食べ

ましょう。

⑤ 생산되다. 산출되다.

「白菜・ほうれん草・ごぼう・れんこんなどの野菜」ができる・採れる。

⑥ (식물이)열매를 맺다. 결실하다. 열리다. 수확되다.

「大根・にんじん・じゃがいも・とうもろこし・米・麦」ができる。「米・麦」が実る。

☞ **꽃이 피어, 그것이 열매를 맺는 채소와 과일에는 「なる」가 사용된다. 열리다.**

「すいか・みかん・イチゴ・桃・なし・トマト・なす・かぼちゃ・ピーマン」がなる。

問題　〔　〕に、「で」「に」「を」「が」を、（　）に「ある」「する」「できる」を適当な
　　　形にして入れなさい。

　　隣の部屋からいいにおい〔　1　〕（　2　）きた。今日はベランダで（　3　）野菜を使って料理をしているらしい。「（　4　）よ」と妻の声〔　5　〕（　6　）。

食事〔　7　〕（　8　）ながら、市民コンサートの話になった。あと1ヵ月も（　9　）たら、市民音楽祭〔　10　〕（　11　）。コンサートは、音楽祭の最終日に中央公園〔　12　〕新しく（　13　）ホール〔　14　〕ある。妻は高校で音楽教師〔　15　〕（　16　）いるが、ピアノ〔　17　〕（　18　）ので演奏する予定だ。

「がんばって」と言ったら、うれしそうな顔〔　19　〕（　20　）。

5章　自動詞・他動詞

自動詞:自然に何かが起こること、状態を表す　　他動詞:人の動作を表す

1　窓が開いています。	中村さんは、窓を開けています。
2　電気がついています。	中村さんは電気をつけています。
3　ビールがグラスに入っています。	中村さんはビールをグラスに入れています。
4　(テーブルの上に)水がこぼれています。	子供がテーブルに水をこぼしてしまいました。
5　かべが汚れています。	子供がかべを汚しています。
6　おもちゃがこわれています。	子供がおもちゃをこわしてしまいました。
7　体が温まる。	体を温める。
8　宝くじが当たる。	宝くじを当てる。
9　寄付が集まる。	寄付を集める。
10　物価が上がる。	物価を上げる。
11　けんかが収まる。	けんかを収める。
12　鍵がかかる。	鍵をかける。
13　橋が架かる。	橋を架ける。
14　ドアが閉まる。	ドアを閉める。
15　車が止まる。	車を止める。
16　犯人がつかまる。	犯人をつかまえる。
17　自動車がぶつかる。	自動車をぶつける。
18　ちょうちんがぶらさがる。	ちょうちんをぶらさげる。
19　腰が曲がる。	腰を曲げる。

20	土に砂が混ざる。	土に沙を混ぜる。
21	仕事が見つかる。	仕事を見つける。
22	電話がつながる。	電話をつなげる。
23	道がふさがる。	道をふさげる。
24	目が回る。	目を回す。
25	店が開く。	店を開ける。
26	腰が痛む。	腰を痛める。
27	ビルが建つ。	ビルを建てる。
28	気が付く。	気を付ける。
29	火がつく。	火をつける。
30	連絡が入る。	連絡を入れる。
31	旅が続く。	旅を続ける。
32	目が覚める。	目を覚ます。
33	水が出る。	水を出す。
34	氷が溶ける。	氷を溶かす。
35	うわさが流れる。	うわさを流す。
36	髪が濡れる。	髪を濡らす。
37	秘密が漏れる。	秘密を漏らす。
38	スイカが冷える。	スイカを冷やす。
39	体重が増える。	体重を増やす。
40	財産が殖える。	財産を殖やす。
41	木が燃える。	木を燃やす。
42	髭が生える。	髭を生やす。
43	木が倒れる。	木を倒す。

44　テレビが壊れる。	テレビを壊す。
45　火が消える	火を消す。
46　子供が起きる。	子供を起こす。
47　鉛筆が落ちる。	鉛筆を落とす。
48　人が降りる。	人を降ろす。
49　足が動く。	足を動かす。
50　洗濯物が乾く。	洗濯物を乾かす。
51　花が咲く。	花を咲かす。
52　姿が写る。	姿を写す。
53　職場が移る。	職場を移す。
54　生徒が帰る。	生徒を帰す。
55　鐘が鳴る。	鐘を鳴らす。
56　新幹線が通る。	新幹線を通す。
57　食べ物が残る。	食べ物を残す。
58　人口が減る。	人口を減らす。
59　枝が折れる。	枝を折る。
60　チョコレートが売れる。	チョコレートを売る。
61　岩が砕ける。	岩を砕く。
62　ボタンが取れる。	ボタンを取る。

問題　（　）の中の正しい方を選びなさい。

1. ベランダの窓が（開けて・開いて）いるから、犬が出ないように気をつけて。

2. 寒いから、暖房を（つけた・ついた）ほうがいいですね。

3. どうしたの、コートの背中が（汚して・汚れて）いますよ。

4. すみません。コーヒーを（こぼして・こぼれて）しまいました。ごめんなさい。

5. 地震で家が（壊れて・壊して）困っている人達が大勢いる。

6. （駅のホームで）ドアが（閉めます・閉まります）。ご注意ください。

7. 電気が（消して・消えて）いるから、田中さんは留守のようですね。

8. 「ズボンの後ろからシャツが（出して・出て）いるよ。」「いいの、これがおしゃれなの。」

9. どうぞ、お部屋に（入って・入れて）お待ちください。

10. 急に雨に降られて、傘を持っていなかったから服が（ぬれて・ぬらして）しまった。

11. インターネットで注文した本が（届いた・届けた）。

12. これは、果物の大きさを同じサイズに（分かれる・分ける）機械です。

13. 天気がよくてまぶしいので、ブラインドを（下げた・下がった）。

14. 友達の話を（流して・流れて）聞いていたら、怒ってしまった。

15. ちょっと寒いから、暖房を強く（して・なって）ください。

16. 歯のつめ物が取れたので、歯医者に行って（治って・治して）もらった。

17. すみません。ケーキを一つずつとって、となりの人に（回って・回して）ください。

18. 泥棒に、お金は盗まれたが、命は（助けた・助かった）。

19. 私は、海の近くの小さな町で（育った・育てた）ので、泳ぐのが得意です。

20. ぶつけたひざが痛くなってきたから、氷で（冷え・冷やし）た。

21. 10時までに、内田さんにこの荷物を（届いて・届けて）ください。

22. たくさん料理が（残って・残して）、もったいない。

23. 病気を（治す・治る）ために、食生活に気をつけることにした。

24. おかげさまで、子供が元気にすくすく（育って・育てて）いる。

25. 手術したおかげで、命が（助かっ・助け）た。

26. 雪で電車が（止まっ・止め）た。困ったな、どうやって会社に行こうかしら。

27. このつまみを（回る・回す）と、音が大きくなります。

28. 気温が3度（上げる・上がる）と、海面は1メートル上昇するそうだ。

29. 引っ越しして、住所が（変え・変わり）ましたのでお知らせします。

30. 昨日の会議では意見が二つに（分け・分かれ）て、結論が出なかった。

31. 迷子にならないように地図を（広がっ・広げ）て、場所を確認しましょう。

32. あわてていたので、ゴミ箱を（倒れ・倒し）てしまった。

33. 飛んできた石が頭に（当たっ・当て）て大怪我をしてしまった。

34. シャツのやぶれたところに、きれを（あたっ・当て）て直しました。

35. よろこびを顔に（浮かん・浮かべ）て帰って行きました。

36. 月の光が湖に（映る・移る・写る）。

37. 黒板の字をノートに（写す・移す・映す）。

38. あの先生に三年（教え・教わっ）ている。

39. 一か月の旅行を（終わっ・終え）て今夜帰ります。

40. さらが5枚（重ね・重なっ）てテーブルの上においてある。

41. 初めは10人ぐらいでしたが、おくれて来た人も（加わっ・加え）て、結局16人になった。

42. ボールが手からはずれて向こうへ（転がし・転がっ）ていった。

43. 全員の考えが（そろえ・そろっ）たから、今日の会はここで終わりましょう。

44. かみの毛の長さを（そろっ・そろえ）て切る。

45. 混んでいる電車に乗ったとき、転ばないようにつりかわを（捕まえ・捕まっ）た。

46. 雨の日、タクシーを（捕まる・捕まえる）のはむずかしい。

47. うわさが口から口へと（伝え・伝わっ）て、たちまち町中にひろまってしまった。

48. なべにはよく熱を（伝わる・伝える）金属が用いられる。

49. 島と島が橋で（つなげ・つながっ）ている。

50. お札がいっぱい（つめ・つまっ）ているさいふを拾いました。

51. 針に糸を（通っ・通し）てください。

52. 子供が紙の飛行機を（飛んで・飛ばして）遊んでいる。

53. とても大切なものを（無くした・無くなった）。それで、みんなでさがした。

54. 戦争で三人の子供を（亡くなっ・亡くし）てしまった。

55. お金を（まとまっ・まとめ）て一度にはらいましょう。

56. 海の向こうから太陽が顔を（現れ・現し）て、夜が明けた。

57. 風で木の枝が（折り・折れ）ました。

58. ズボンのすそを（折る・折れる）。

59. 手帳や携帯を見えないところに（隠れる・隠す）。

60. 身を（切れる・切る）ような寒さ。

61. まっ黒に（こげ・こがし）たパンは、にがくて食べられません。

62. ほかの人が目を（覚め・覚まさ）ないように、静かに歩く。

63. （冷まさ・冷め）ないうちに、早くご飯を食べなさい。

64. このお茶はとても熱いから、少し（冷め・冷まし）てから飲んでください。

65. みかんが（つぶし・つぶれ）てしまった。

66. たまごを（つぶれ・つぶさ）ないように持って帰りなさい。

67. くつひもが（解ける・解く）。

68. さとうを水に（溶ける・溶かす）。

69. なぞが（解いた・解けた）。

70. おびを（解いた・解けた）。

71. 封を（解けた・解いた）。

72. ボタンが（取っ・取れ）てしまった。

73. どうかこれだけは（お取れ・お取り）になってください。

74. このいもはまだよく（煮て・煮えて）いないのか、硬い。

75. （煮えた・煮た）さかなより焼いたさかなのほうがすきだ。

76. 　すりはおいかけられて人通りの多い中を一生懸命に（逃がした・逃げた）。

77. ちょうちょうをつかまえましたが、かわいそうなので、（逃げ・逃がし）てやりました。

78. 水に（濡らし・濡れ）た手をハンカチでふく。

79. 子供は水遊びをして洋服を（濡れ・濡らし）た。

80. うちの息子はこのごろ急に背が（伸ばし・伸び）た。

81. ボタンが（外す・外れる）。

82. ファスナーを（外れ・外し）て洋服をぬぐ。

83. とんできたボールを（外れ・外し）てしまった。

84. 野球のボールを投げたら、窓にあたってガラスが（割っ・割れ）た。

85. たまごを（割れ・割っ）てご飯にかけて食べる。

6章　複合動詞

1. 複合動詞ー動詞の後ろに付くもの

1) ～過ぎる　「필요이상으로～ 하다.」

① 食べ過ぎて、おなかが苦しい。

② 大気中の二酸化炭素が**増えすぎて**しまったため、地球温暖化が起こった。

③ 忙しすぎて、昼ごはんを食べに行く暇もない。

2) ～始める　「～하기 시작하다.」

① 私がピアノを**習い始めた**のは、5歳の時でした。

② 暖かくなってきたので、そろそろ**咲き始める**んじゃないかなあ。

3) ～終わる/～終える　「～하는 것이 끝나다.」

「(雨が)降る」などの意思のない動詞には普通使わない。

① **食べ終わったら**、食器は自分で片付けてください。

② 私は**読み終わった**本は、いつも古本屋に売っている。

③ 問題集を1冊**やり終えて**、満足感を感じている。

4) ～続ける　「～하는 것을 그만두지 않고 계속하다.」

① 3時間**歩き続けて**、やっと目的地に到着した。

② 子供の頃から**願い続けて**きた夢がやっと実現することになった。

5) ～出す 「자기가 의지를 가지고 시작하는 경우에는 사용하지 않는다.」
（✕ 私は食べだす。）

① 雨が降り出したので、早く帰りましょう。

② 赤ん坊が私の顔を見て、泣き出したので、驚いた。

6) ～やむ　「～하는 것이 그치다.」

① その子は、お菓子を見たら、泣き止んだ。

② 2月に入りようやく雪は降り止み、気温の上昇と雨により一気に雪の嵩も減った
ようです

7) ～かける　「～방향을 향하여～하다」「～하기 시작했지만, 완전히는～하지
않은 상태.」

① 市長は市民にごみ減量を呼びかけた。

② 彼は閉まりかけた電車のドアに飛び込んだ。

③ 一度はあきらめかけた夢だが、やはりもう一度追いかけてみたいと思う。

④ 彼は子供の頃、おぼれかけたことがあるそうだ。（「おぼれかかる」も　OK）

8) ～直す　「(잘 안되어서) 다시 한번～하다.」

① わかりにくいので、もう一度書き直してください。

② （電話）今、手が離せないので、あとでかけ直して。

9) ～合う　「서로～하다.」

① 困った時に助け合ってこそ、友達なんじゃないか。

② 選手たちは、抱き合って勝利を喜び合った。

③ みんなでアイデアを出し合えば、きっといい企画が生まれるだろう。

10) ～込む　「～해서、안에 들어가다.」「깊이～하다.」「오래～하다.」

① 機内に危険物を**持ち込む**ことは禁止されています。

② 森田さんはひどい風邪で、1週間も**寝込ん**でしまった。

③ 上司に難問を突きつけられ、彼は**考え込ん**でしまった。

④ 私は二人は兄弟だと**思い込ん**でいたが、赤の他人だということがわかった。

　　（思い込む : 本当は違うのに、そう信じる）

11) ～回る　「여기저기～하다.」

① 彼女は初めて行った京都の町を一日中**歩き回った**。

② 警備員は決まった時間に、ビルの中を**見回って**いる。

③ 犬の写真を撮りたいのに、**動き回る**ので、撮りにくい。

12) ～切る　「전부, 100%～하다.」

① この橋を**渡り切る**には20分ぐらいかかる。

② 夜空には**数え切れない**ほどの星が輝いていた。

③ **わかり切った**ことを、何度も言わせないでください。

④ 彼は朝から休みなしに働いていたので、**疲れ切って**いた。

2. 複合動詞—動詞の前に付くもの

① 取り〜　「やり方・考え・知識・文化・技術・設備」を取り入れる・電池を取り替える・
予約を取り消す・新聞で事件を取り上げる・ポケットから財布を取り出す

② 受け〜　「留学生・提案・要求・頼み・申請」を受け入れる・「仕事・授業」を受
け持つ・「手紙・荷物」を受け取る

③ あて〜　条件にあてはまる・海外の例を日本にあてはめる

④ 組み〜　本棚を組み立てる・白いシャツと黒いスカートを組み合わせる

⑤ 追い〜　泥棒を追いかける・前の車を追い越す・前の車に追い付く・庭から猫を追
い出す

⑥ 振り〜　過去を振り返る・後ろを振り向く

⑦ 差し〜　前に手を差し出す・給料から税金を差し引く

⑧ 通り〜　偶然人が通りかかる・台風が通り過ぎる

⑨ 乗り〜　電車に乗り遅れる・駅を乗り越す・駅を乗り過ごす・困難を乗り越える

⑩ 見〜　町で看板を見かける・立派な先輩を見習う・空港で友達を見送る・写真を
見つめる・見慣れた景色

⑪ 引き〜　仕事を引き受ける・途中で家に引き返す・預けた荷物を引き取る・どこか
に行こうとする人を引き止める・銀行でお金を引き出す。

⑫ 引っ〜　敷居に足をひっかけて転ぶ・木に風船が引っかかる・猫が壁を引っかく・店
員が店の奥に引っ込む・キャプテンがチームを引っ張る

⑬ 打ち〜　うわさを打ち消す・旅行の前に友達と打ち合わせる

⑭ すれ〜　道できれいな人とすれ違う

3. その他─後ろに付いて名詞になるもの

① ～遣い「言葉遣い・色遣い・金遣い」　　　　面接では言葉遣いに気を付けよう。

② ～沿い「道沿い・川沿い・海岸沿い」　　　　道沿いには桜の木が植えられている。

③ ～扱い「子供扱い・犯人扱い」　　　　親はいつまでも私を子供扱いする。

④ ～明け「週明け・夜明け・休み明け」　　　明日は日曜なので週明けに伺います。

⑤ ～済み「使用済み・登録済み・解決済み」　使用済みの電池を捨てた。

⑥ ～連れ「家族連れ・子供連れ・三人連れ」　デパートは家族連れでいっぱいだ。

⑦ ～違い「色違い・人違い・計算違い」　　　色違いのTシャツを三枚買った。

⑧ ～たて「焼きたて・出来たて・取れたて」　とれたての新鮮な野菜を食べる。

⑨ ～おき「二メートルおき・一日おき・一つおき」

　　　　　　　　　　　　　　二メートルおきに木が植えられている。

⑩ ～ぶり「三年ぶり・仕事ぶり・話しぶり・暮らしぶり」

　　　　　　　　　　　　　彼の仕事ぶりは部長にも評価されている。

⑪ ～つき「目つき・顔つき・体つき」　　　娘の顔つきが最近妻に似てきた。

問題　（　　）の中の正しい方を選びなさい。

1. 今書いているレポートを書き（終えた・やんだ）ら、旅行にでも行くつもりだ。

2. 選手は足にけがをしたにもかかわらず、走り（直した・続けた）。

3. 電車の中で、突然隣の人が笑い（出した・過ぎた）ので驚いた。

4. 夕べから雨が降り（やまない・切らない）ので、今日の登山は中止になった。

5. セーターを編み（出した・始めた）けど、途中でいやになってきた。

6. 町中あちこち探し（込んだ・回った）けど、逃げた小鳥は見つからなかった。

7. スピードを出し（切って・過ぎて）、警察につかまってしまった。

8. 私はジョンさんがアメリカ人だと思い（出して・込んで）いたが、違っていた。

9. テストを出す前に、もう一度見（かけた・直した）ほうがいい。

10. 仕事が終わって、帰り（かけた・切った）ら、部長に呼び止められてしまった。

11. そんなにたくさん食べ（過ぎ・切れ）ませんよ。

12. 同じ人間なんだから、理解し（合える・込める）はずだ。

13. 彼はアメリカに留学して、遺伝子の研究に熱心に取り（組んだ・上げた）。

14. 母は久しぶりに帰ってくる弟を待ち（かねて・望んで）、駅まで迎えに行った。

15. 山登りに行ったが、大雨が降り出したので、仕方なく引き（返して・留めて）きた。

7章 ビジネスでの言葉遣い・読解

＜ビジネスでの言葉遣い＞

1. 尊敬表現－1

1)「お・ご＋～」で敬意を表す

① お・ご＋名詞

お＋名詞

お金	お水	お湯	お風呂	お茶	お菓子	お手洗い
お箸	お礼	お祝い	お見舞い	お話	お名前	お葬式
お勉強	お仕事	お宅	お世話	お一人	お考え	お土産
お祈り	お正月	お弁当	お荷物	お顔	お友達	お祭り
お気持ち						

ご＋名詞

ご住所	ご主人	ご両親	ご家族	ご希望	ご結婚	ご招待
ご案内	ご心配	ご連絡	ご病気	ご乗車	ご安心	ご自分
ご意見	ご夫妻	ご搭乗				

② お・ご＋形容詞

お＋形容詞

お忙しい　　お美しい　　お暑い　　お寒い　　お暇　　おきれい　　お上手

お好き　　　　お元気

ご＋形容詞

ご親切　　　ご丁寧　　　ご立派　　　ご連絡　　　ご不便

---

③ その他

お久しぶり　　　　ごいっしょ（に）　　　　ごゆっくり　　　お早く

---

④ 「お」をつけると意味が変わってしまうもの

にぎり（손잡이）―おにぎり（주먹밥）　　　足（다리・발）―おあし（돈・금전）

かめ（亀）（거북）―おかめ（추녀의 가면/탈）　　　数（수）―おかず（반찬）

愛想（붙임성）- おあいそ（음식점의 계산・셈）　　しぼり（홀치기）―おしぼり（물수건）

---

⑤ 「お・ご」がつかないもの

外来語（ビール）　　　　　　　　　反社会的なもの（どろぼう）

公共の建物や場所（学校・区役所）

---

2) 「お・ごを使わない」丁寧語・丁寧表現

さっき ― さきほど	あとで ― のちほど
ちょっと ― 少々	どうですか ― いかがですか
どこ・どっち ― どちら	そこ・そっち― そちら
あそこ・あっち ― あちら	今 ― ただ今

3) 自分やほかの人・ものを表す言い方（丁寧さが増す方向を「←」で示します）

① 自分を表す言い方

     ↙ あたし　　　　　　（女性）

 わたくし ←　わたし ←　ぼく←　おれ　　　（男性）

② 相手を表す言い方

〇〇さま ←　〇〇さん ←　〇〇（「さん」が一般的に使われます）

◇◇くん　　　友達や部下や学生などを呼ぶ言い方

△△ちゃん　　小さい子供や親しい相手を呼ぶ言い方

〇〇殿　　　　公的な書類などで使われることが多く、「さま」より敬意は軽くなり

    ます。

＜注　「あなた」「君」は特に丁寧とはいえないので、目上の人には普通使いません。＞

あなた ←　あんた

君　←　おまえ

③ 第三者を表す言い方

あの方 ←　あの人←　あいつ

   ↖　彼　　　注　交際している相手をさすこともあります。

   ↖　彼女

〇〇氏　　　　新聞やニュースで取り上げた人の名前につけます。

④ その他の場合に使われる言い方

　　どちらさま ← どなた ← だれ

　　こちら　　 ← この人　注　「その人」「あの人」「どの人」も同じ使い方になります。

　　この方　　

2. 尊敬表現－2

1)「れる・られる」の形　　　「お・ご〜になる」の形　　　「特別な形」

① 「れる・られる」を使った尊敬語

	~ます	~れ・られます
五段動詞	行きます	行かれます
	話します	話されます
	すいます	すわれます
	飲みます	飲まれます
	帰ります	帰られます
一段動詞	食べます	食べられます
	やめます	やめられます
	出ます	出られます
	教えます	教えられます
する	します	されます
くる	きます	来られます

② 「お・ご〜になる」を使った尊敬語

書きます	お書きになります
読みます	お読みになります
かけます	おかけになります
忘れます	お忘れになります
出ます	お出になります

但し、「（見・来・し・寝）ます」の場合は「お〜になる」の形にならない。

- わかる　　　おわかりだ
- できる　　　おできだ

今から社長がお話しになります。

この絵は田村先生がお書きになりました。

説明書をよくお読みになってください。　　説明書をよくお読みください。

よかったらこちらにおかけになりませんか。

③ 「お・ご〜になる」を短くした尊敬表現

お帰りになります	お帰りです
お見えになりました	お見えです
ご利用になる方	ご利用の方
お待ちになってください	お待ちください

部長はもうお出かけですか。

ご注文はお決まりでしょうか。

手続きがお済みの方からお入りください。

切符をお持ちでない場合はお知らせください。

いつ、ご出発ですか。お乗り換えの方はお急ぎください。

エスカレーターにお乗りの際はお足元にご注意ください。

上司を怒らせてしまった山田君

ある会社でのやりとりです。営業部長は定年も近いのですが、まだまだ元気です。仕事もバリバリこなしています。その部長が、取引先に提出する見積書を確認したいと山田君に言いました。古くからの付き合いで、大口の取引もある取引先なので、くれぐれも失礼のないようにチェックしたいと言うのです。ふと時計を見ると、もう20時をすぎています。そこで山田君は聞きました。「部長、今日見積もりを見られますか?」と言ったのです。すると、部長はみるみる険しい顔になって、怒り出しました。「失礼だな、君は!いくら老眼でも見積もりを見るくらいできるよ!」さて、あなたはなぜ部長が怒り出したのか、おわかりになりますか?

教科書どおりの使い方、それでも誤解を招く

言葉とは本当に厄介なものです。山田君は「見る」ことを尊敬語の「〜れる、られる」を使って「見られる」と表現したのですが、部長は「見ることができるのですか?」という意味に受け取ってしまったのです。この例からもわかるように、敬う尊敬語のつもりで使った「〜れる」「〜られる」という言い方は、可能・不可能の意味で受け取られてしまうことが少なくありません。ですから、「〜れる」「〜られる」という尊敬語はなるべく使わないようにした方が誤解を招かずにすむのではないかと思うのです。例えば先ほどの例では「今日見積もりをご覧になりますか?」となります。このような「〜れる」「〜られる」を使わない敬語である慣用的な言い回しを使った方が、間違って受け取られずにすみます。

④ 特別な動詞の尊敬語

行きます 来_きます います	いらっしゃいます おいでになります
食べます 飲みます	めしあがります
言います します 見_みます	おっしゃいます なさいます ご覧_{らん}になります
知っています	ご存知_{ぞんじ}です ご存知_{ぞんじ}でいらっしゃいます
寝ます 死にます 着_きます くれます	おやすみになります 亡くなります お召_めしになります くださいます

◆ 「来ます」は「見えます」「お見えになります」「お越しになります」で尊敬を表すこともある。

◆ 「亡くなります」は「亡くなられます」「お亡くなりになります」の形で使われることが多い。

ご旅行_{りょこう}はどちらにいらっしゃいますか。

あの映画_{えいが}をごらんになりましたか。

「鈴木さんの新しい住所_{じゅうしょ}をご存知_{ぞんじ}ですか。」

ゆうべは何時_{なんじ}におやすみになりましたか。

お客様_{きゃくさま}がお見えになったらすぐ知らせてください。

3. 謙譲表現

① 特別な形

行きます 来ます	まいります
います	おります
食べます 飲みます もらいます	いただきます
言います します 見ます	申します いたします 拝見します・拝見いたします
知っています	存じております（存じません）
（〜と）思います	（〜と）存じます
会います	お目にかかります
聞きます 訪問します	伺います

明日、何時にそちらへまいりましょうか。

父は銀行に勤めております。

旅行のおみやげをいただきました。

先生がお書きになった本を拝見しました。

あの方のお名前はよく存じております。

ちょっと伺いますが、駅はどちらですか。

② 「お・ご～する」を使った謙譲語

はなします	おはなしします
よびます	およびします
もちます	おもちします
かります	おかりします
案内します	ご案内します・いたします
連絡します	ご連絡します・いたします

「でます・みます・きます・します・ねます・います」etc は「お～する」の形
になりません。

社長、お荷物を**お持ちします**。　　　　　　사장님, (제가)짐을 들겠습니다.

よかったら**お手伝いしましょうか**。　　　　괜찮으시면,(제가)도와드릴까요?

お名前を**お呼びした**方からお入りください。성함 부른 분부터 들어오세요.

くわしいことは後ほど**ご連絡いたします**。

　　　　　　　　　　자세한 내용은 나중에 연락 드리겠습니다.

先ほど**ご説明した**ものがこちらです。　　조금 전 설명 드린 것이 이것입니다.

4. 待遇表現

1) さしあげます・いただきます・くださいます

<table>
<tr><td>名詞＋を</td><td></td><td>さしあげます</td></tr>
<tr><td>動詞の「て形」</td><td>＋</td><td>いただきます</td></tr>
<tr><td></td><td></td><td>くださいます</td></tr>
</table>

お世話になったお礼にお菓子をさしあげました。　신세진 답례로 과자를 드렸습니다.

木村先生がよい本を紹介してくださいました。

　　　　　　　　　　　　　　　　기무라선생님께서 좋은책을 소개해 주셨습니다.

山田さんに車で送っていただきました。　　야마다씨께서 차로 데려다 주셨습니다.

2) 使役形　　＋　くれます・くださいます

　　　　　　＋　もらいます・いただきます

<table>
<tr><td>使役動詞の「て形」</td><td>＋</td><td>くれます・くださいます</td></tr>
<tr><td></td><td></td><td>もらいます・いただきます</td></tr>
</table>

あなたの考えを聞かせてくれませんか。「당신 생각을 듣고 싶어요.」의 겸양어

疲れたので少し休ませていただけませんか。「피곤해서 좀 쉬고 싶어요.」 의 겸양어

先生の論文を読ませてください。「선생님 논문을 읽고 싶습니다.」 의 겸양어

時間になりましたので、会議を始めさせていただきます。

　　　　　　　　「시간이 되었으므로 회의를 시작하고 싶습니다.」 의 겸양어

5. 一緒に使う言葉と表現

言葉

きょう　→　本日	きのう　→　昨日	あした　→　明日・明日
けさ　→　今朝ほど	ゆうべ　→　昨夜・昨晩	あしたのあさ　→　明朝
あしたの晩　→　明晩	おととい　→　一昨日	あさって　→　明後日
今年　→　本年	去年　→　昨年	おととし　→　一昨年
今　→　ただ今	今度　→　この度	すぐ　→　ただ今・早速
さっき　→　先ほど	後で　→　後ほど	この間　→　先日
ちょっと・少し　→　少々		すごく・とても　→　大変・誠に
いい　→　よろしい・結構		1時間ぐらい　→　1時間ほど
だれ　→　どなた・どちら様		その日　→　当日

表現

どうですか	いかがでしょうか
これにしますか	こちらになさいますか
わかりました	かしこまりました・承知いたしました
できません	いたしかねます
～と思いますか	～と存じますか
すみませんが	申し訳ございませんが・恐れ入りますが・恐縮ですが
よければ	よろしければ・（お）差し支えなければ
見せます	お目にかけます・ご覧にいれます
予約のことはきいています	ご予約の件は承っております

（車で）来た人	（お車で）お越しになった方・いらっしゃった方・おいでになった方
ちょっと待ってください	少々お待ちください
すぐ行きます	ただ今うかがいます・ただ今まいります
たばこはすわないでください	おたばこはご遠慮ください
あの人のことはよく知っています	あの方のことはよく存じております・存じ上げております
入学祝いをもらいました	入学祝いをいただきました・頂戴しました
料理は気に入りましたか	お料理はお気に召しましたか
年をとった人	お年を召した方
和服を着ています	和服をお召しになっています
お礼を言います	お礼を申し上げます

「自分」の場合と「相手」の場合

	わたしの・うちの	あなたの
会社	弊社	御社、貴社
学校	本校	貴校、御校
大学	本学	貴学、御学
友達	友人	お友達、ご友人

6. 関係がよくなる挨拶の言葉

① 初めて会った人に → はじめまして

② 部屋に入る時 → 失礼します／ おじゃまします

③ 帰りたい時 → そろそろ失礼します／ そろそろ失礼いたします

④ 部屋を出る時 → 失礼しました／ おじゃましました

⑤ 仕事相手に会った時 → いつもお世話になっております

⑥ 何かしてくれた人に → お世話になりました

⑦ 一緒に何か仕事をした人に → お疲れさまでした

⑧ 待ってもらう時 → 少々お待ちください

⑨ 人を待たせた時 → お待たせしました

⑩ お祝いの時に → おめでとうございます

⑪ 病気の人に → お大事に

⑫ 久しぶりに会う時 → お久しぶりです／ ご無沙汰しております

⑬ 何かに来てほしい時 → ぜひ〇〇にお越しください／ お待ちしております

⑭ 何か楽しいイベントの前に → 〇〇を楽しみにしています

⑮ 誰かが出かける前に → いってらっしゃい（ませ）／ お気をつけて

7. ビジネスがうまくいく前置きの言葉

◆　お願いする時

① 「ちょっとすみませんが、手伝っていただけませんか。」

② 「申し訳ありませんが、これをお客さんに届けていただけますか。」

③ 「恐れ入りますが、駅まで車に乗せていただけますか。」

④ 「お手数をおかけしますが、調べていただけませんか。」

⑤ 「お差し支えなかったら、電話番号を教えていただけますか。」

◆　何かもらった時

① 「遠慮なく、いただきます。」

|問題　1|　次の（　　）の中の表現を敬語に直しなさい。

1.　私「もしもし、田中先生は、（いますか。→　　　　　　　　　）。」　先生「はい、
　　私ですが。」

2.　私「（どこに住んでいますか。→　　　　　　　　　）。」　相手「京都
　　です。」

3.　私「部長は、明日の会議に（いきますか。→　　　　　　　　　）。」部長「もちろ
　　ん、行くよ。」

4.　（観客に）「皆さん、田中先生が（きました。→　　　　　　　　　）。拍手で（迎えてく
　　ださい。→　　　　　　　　　　　　　　。）」

5.　今日は遠慮せずにどうぞたくさん（食べてください。→　　　　　　　　）。
　　飲み物はそちらから、どうぞ、（自由に食べてください。→　　　　　　　　　）。

6.　「(注文は何にしますか。→　　　　　　　　　)。」　お客「コーヒー二つ。」

7.　国から遠く離れて（家族も心配している→　　　　　　　　　）、と思い
　　ますよ。

8.　私「先生、○○美術館の展示をもう（見ましたか。→　　　　　　　　　）。」
　　先生「ああ。」

9.　店員「（言う→　　　　　　）通りですが、その商品は、品切れなものですから…」

10.　「すみませんが、部長の電話番号を（知っていますか。→　　　　　　）。」
　　「今、わからないな。」

11.　B「このケーキおいしいね。」
　　C「それは、社長の奥様が（くれたんです　　　　→　　　　　　）。」

12.　こんな遅い時間では、先生も(寝ている→　　　　　　　)だろう。

13.　店員「この商品は、インターネットでも（買えます。→　　　　　　）。」　客「そ
　　うですか。」

14.　中村さんはこの前のパーティーで、素敵な着物を（着ていましたね。
　　→　　　　　　　　）。

15.　私「事故の報告を（聞きましたか。→　　　　　　　　）。」
　　部長「ああ、大変なことに…」

16. 私「部長、もうセミナーに（申し込みましたか。→　　　　　　　）。」
　　部長「忘れていた。」

17. （ここに、名前、住所、電話番号を書いてください。→　　　　　　　　　　）。

18. B社の社長は、魚が（嫌いだから→　　　　　）、お弁当は肉料理にしたほうがい
　　いです。

19. 私「（よかったら、今度食事でもどうですか→　　　　　　）。」
　　相手「大丈夫です。」

20. 私「来週の水曜日3時ですが、（都合はどうですか→　　　　　）。」
　　先生「大丈夫です。」

21. 先生は、（柔道もするんですね。→　　　　　）。
　　音楽に武道に（多趣味ですね。→　　　　　）。

22. 先輩も、今度の社内スキー（旅行に行く→　　　　　）そうだから、お供しよ
　　うかな。

23. 野中さんは、（いつも忙しそうですね→　　　　　　　　　）。

24. （娘さんになにか好きなものを→　　　　　　　）プレゼントしたいと思
　　います。

25. このカードは今月末まで利用できます。（こちらのカードは今月
　　→　　　　　）。

問題　2　　次の（　　）の中の表現を敬語に直しなさい。

1. 私「私は、いつでも（いますので…→　　　　）」　　相手「では、11時に（電話します→　　　）。」

2. 相手「どちらにお住まいですか。」　　私「ソウルに（住んでいます→　　　　　）。」

3. 相手「明日は10時に（ここ→　　　　）の事務所で。」　私「では、明日10時に（来ます→　　　）。」

4. 私「私は何時に（訪問すればいいですか→　　　　　）。」
相手「では、2時に（待っています→　　　　　）。」

5. 「すみません。ちょっと（聞きたいんですが→　　　　　）、この辺に郵便局はありませんか。」「あそこに…」

6. 私「ご希望の商品を（持って来ました→　　　　　）。」
客「ありがとうございます。」

7. 「今日はたくさん（食べました→　　　　　）。ごちそうさまでした。」
「何もおかまいませんで…」

8. 遅い時間になったので、車で駅まで（送ってもらった→　　　　　）

9. （電話で）相手「毎度ありがとうございます。K電気です。」
私「D銀行の浅井と（言います→　　　　　）。」

10. 先生の新しい作品を（見ましたが→　　　　　）、今回も素晴らしいですね。

11. 林部長の娘さんなら、小さい頃からよく（知っています→　　　　　）。

12. 先着100名のお客様に、プレゼントを（あげます→　　　　　）。

13. （メール/手紙で）（今度会う日を楽しみにしています→　　　　　）。

14. ホテルのボーイ「お客様、お荷物を（持ちます）。」　客「ありがとう。」

15. 事故の原因がわかり次第、（報告します→　　　　　）。

16.　部長「このプロジェクト、だれかやらない？」　私「できたら、（私がしたい
　　　→　　　　　　　　　　　　　　　。」

17.　先輩「これおいしいね。」私「私にも（先輩のを）ちょっと（食べたい
　　　→　　　　）。」

18.　すみません。先生、ちょっと具合が悪いので、（早退したい→　　　　　　　）。

19.　では、今日のスケジュールについて簡単に（説明します→　　　　　　　　　）。

20.　「どうぞこのペンを使ってください」「ありがとうございます。遠慮なく（使
　　　います→　　　　　　　　　　　）。」

＜読　解＞

1) 問いに対する答えとして最もよいものを一つ選びなさい。

　この先に何か目標があって、そこに向かっていくときにはモチベーションというのはどんどん高まっていくのだと思います。目標さえあれば、その目標に向かって、よし、こうしよう、ああしようとイメージを先へ先へと進められる。成功する人はみな、明日にこうしよう、明後日にこうしようと思った瞬間、実は頭の中で①明日、明後日の「こうしよう」を一足先に、体感として身につけてしまっているのです。

　たとえば、まだ今日なのに、「明日は朝から釣りに行ってこうしよう」と思うと、もうその時点で頭の中では魚を釣っています。それが②イメージ力なのです。つまり、まだ明日じゃないのに情報を作ってしまってある。明日になったらそれを引っ張り出すだけなのです。成功する人たちというのは、だいたいそういうプラスのイメージをいつも働かせている。だから実際に目標を達成するのです。

（岡本正善　『めげても立ちなおる心の習慣』筑摩書房）

（注）モチベーション：目的に向けて行動し、続ける力

問い 1　①明日、明後日の「こうしよう」を一足先に、体感として身につけてしまっているの例として、最も適切なものはどれか。

1. 「明日は上手に発表しよう」と思うのをやめて、今すぐに発表の練習を始める。
2. 「明日は上手に発表しよう」と思うだけで、実際にうまく発表している気分になる。
3. 「明後日は上手に発表しよう」と思うと、明日発表したくなる。
4. 「明後日は上手に発表しよう」と思わなくても、だれよりもうまく発表できる。

問い　2　②イメージ力に当たるのは次のどれでしょうか。

1. あした友達に会うことにした。

2. あさって発表するレポーターに当たった。

3. あしたは発表会に行こう。

4. あさって面接試験ではこうしよう。

2）問いに対する答えとして最もよいものを一つ選びなさい。

2013年　10月　10日

池袋居住者の皆様

池袋ハウス管理組合

『電気設備の定期検査』のお知らせ

拝啓　時下ますますご清祥のこととお慶び申し上げます。

　さて、来る10月17日、池袋ハウス共用部分電気設備の定期点検を行いますので、ご連絡申し上げます。

　つきましては、下記の時間、共用部分が停電となり、エレベーターも停止いたします。ご不便をおかけいたしますが、ご協力、よろしくお願いいたします。

　尚、この点検による各戸の停電はございません。

敬具

『電気設備点検』

実施日時：10月17日　9：00〜11：00

実施業者：スターサービス（株）

注：時下ますますご清祥のこととお慶び申し上げます。　나날이 건강하심을 경하 드립니다.

注：さて　다른 화제로 바꿀 때의 말. 그런데, 각설하고. 한편. 그건 그렇고.

注：来る　다가 오는. 오는.

注：つきましては　그러므로. 따라서. 그래서.

注：尚　덧붙여. 또한.

問い　池袋ハウスに住んでいるリンさんは、上のようなお知らせを受け取った。内容として

最も適切なものはどれか。

1. 10月17日の9時から11時まで池袋ハウス全体が停電する。

2. 10月17日の9時から11時まで電気設備を点検するが、停電はしない。

3. 10月17日の9時から11時まで共用部分が停電して、エレベーターが使えなくなる。

4. 10月17日の9時から11時まで電気設備の点検で、自分の住んでいる部屋が停電する。

8章 擬態語・読解

<擬態語>

1. 食べたり飲んだり話したり

① ぱくぱく：덥석덥석.

　◆　子供たちが何でも**おいしくぱくぱく食べて**くれるのはうれしい。

② ごくごく：벌컥벌컥.

　◆　よっぽどのどが渇いていたのか、おいしそうに**水をごくごく飲**んだ。

③ ぺこぺこ：배가 몹시 고픔.

　◆　朝から何も食べていないので、**おなかがぺこぺこ**だ。

④ からから：　목이 바싹 마름.

　◆　暑い中を歩いてきたので、**のどがからから**だ。水をくれ。

⑤ すらすら：줄줄. 술술. 척척.

　◆　山田さんは、**難しい文章をすらすら読**んだ。

⑥ ぺらぺら：나불나불. 술술.

　◆　彼女は人の**秘密をぺらぺら**しゃべってしまうので、困る。

　◆　田中さんは**韓国語がぺらぺら**らしい。

⑦ ひそひそ：소곤소곤.

　◆　**聞こえないように、ひそひそ話**していたのに、先生に叱られた。

⑧ ぶつぶつ：중얼중얼. 투덜투덜.

　◆　さっきから**何をぶつぶつ言**っているの？　はっきり言いなさいよ。

　◆　新しく決まった規則に、学生たちは**ぶつぶつ文句を言**っていた。

2.　見たり笑ったり歩いたり眠ったり

① じろじろ：빤히. 뚫어지게

- 私のかぶっている帽子が変なのか、電車の中でじろじろ見られた。

② ちらちら：힐끔힐끔. 드문드문.

- 向こうに座っている男性が、さっきからこちらをちらちら見ている。
- 山道を下りて、町に近づくと明かりがちらちら見えてきた。

③ きょろきょろ：두리번두리번.　흘금흘금.

- 初めて東京に出てきたので、何でも珍しく、きょろきょろ周りを見てしまう。
- 試験中は周りの人をきょろきょろ見ないように。

④ にこにこ：생글생글

- いつもにこにこして、感じがいい人ですよ。

⑤ にやにや：히죽히죽

- あなた、さっきから何をにやにやしているの？　気持ち悪いわね。

⑥ くすくす：킥킥

- 田中さん、今日の会議の時、どうしてくすくす笑っていたの？

⑦ げらげら：껄껄

- マンガを読んでげらげら笑った。

  いつもにこにこ、ひとりでにやにや、かくれてくすくす、下品にげらげら

⑧ ふらふら：비틀비틀. 어영부영.

- 酔っ払っているのか、あの人、さっきからふらふらしている。
- うちの娘は、いつまでも結婚せずふらふらしていて。

⑨ ぶらぶら：어슬렁어슬렁. 빈둥빈둥.

- 今日は暇だったので、町をぶらぶらしていた。
- 隣の息子は、卒業しても職にも就かず、ぶらぶらしている。

⑩ うろうろ:허둥지둥.

　◆ 道に迷ってうろうろしていたら、警官に怪しい人と間違われた。

⑪ ごろごろ:빈둥빈둥. 뒹굴뒹굴.

　◆ 家で何もせずにごろごろしてばかりいないで、少しは運動でもしよう。

⑫ うとうと:꾸벅꾸벅.

　◆ 電車の中でうとうとしていたら、乗り越してしまった。

3. 気持ち

① どきどき:두근두근.

　◆ たくさんの人の前で話す時は、どきどきする。

　◆ 走ってきたので、まだどきどきしている。

② わくわく:기대감으로 두근두근.

　◆ プレゼントの包みを開ける時は、いつもわくわくする。

③ うきうき:신이 나서 들떠있음.

　◆ 春子は今日デートがあるので、朝からうきうきしている。

④ いらいら:안절부절. 초조. 조바심.

　◆ 6時に待ち合わせしたのに、30分待っても来ない。いらいらするなあ。

4. 様子

① がらがら:텅텅.

　◆ 駅前に新しいラーメン屋が開店したせいで、うちの店はがらがらだ。

② ぼろぼろ:너덜너덜.

　◆ うちの車は、買ってから15年になるので、もうぼろぼろだ。

③ ばらばら:뿔뿔이. 제각각.

　◆ 私の家族はばらばらに暮らしているが、お正月だけは集まる。

    ✦ 幼稚園の運動会では、練習しても園児の動きはばらばらだ。

④ ふわふわ:푹신푹신.

    ✦ 干したばかりのふとんはふわふわで気持ちがいい。

⑤ つるつる:반들반들. 매끈매끈.

    ✦ 道が凍って、つるつるなので、歩く時は気をつけて。

⑥ ぴかぴか:반짝반짝. 번쩍번쩍.

    ✦ 磨いたから、くつがぴかぴかになった。

    ✦ 買ったばかりなので、家具がまだぴかぴかだ。

⑦ ぎりぎり:빠듯함.

    ✦ レポートを締め切りぎりぎりに出す。

⑧ ぶかぶか:헐렁헐렁.

    ✦ やせたので、今まではいていたズボンがぶかぶかになった。

⑨ びしょびしょ:흠뻑.

    ✦ 急に雨に降られて、服がびしょびしょになってしまった。

5. 変化

① だんだん:점점. 차차. 차츰.

    ✦ 3月に入って、だんだん暖かくなってきたね。

    ✦ 街がだんだんと復興する。

② どんどん:척척. 술술. 잇따라. 자꾸자꾸.

    ✦ リーさんは日本に来てから、どんどん日本語が上手になった。

    ✦ 遠慮しないで、どんどん食べてくださいね。たくさんありますから。

③ ぐんぐん:쭉쭉. 부쩍부쩍.

    ✦ 初夏のころまで、植物は何もしなくてもぐんぐん育つ。

＜読　解＞

1. 問いに対する答えとして最もよいものを一つ選びなさい。

差出人：staff@hujichocoss.com<staff@hujichocoss.com>

宛先：maria sato<maria-sato-ccc@zzz.com>

件名：①＿＿＿＿＿＿＿＿＿＿＿＿＿＿＿＿＿＿＿＿＿＿＿＿

佐藤マリア様

本日は、「クッキー恋人」を10箱ご注文いただき、誠にありがとうございます。

いつもお引き立てにあずかり厚く御礼申し上げます。

さて、ご注文いただきました「クッキー恋人」ですが、非常にたくさんのご注文をいただいており、現在生産が追いつかず、品切れの状態です。せっかくご注文いただきましたのにすぐにお送りできず、申し訳ございません。本日のご注文ですと、お送りできるのが早くても1ヵ月先の5月10日以降となってしまいます。

つきましては、納品時期の遅れをご了承いただき、このままご注文いただけるか、ご注文をお取り消しになられるか、改めてご検討いただけますでしょうか。このままご注文いただいたお客様には、改めましてお届け日をご連絡いたします。

ご回答は本メールにご返信ください。

ご不明な点がございましたら、ご遠慮なくお問い合わせください。

今後とも当店をよろしくお願い申し上げます。

....

（株）富士チョコ

〒160－2222　東京都新宿区新宿1－2－3

Tel：03-329-1111

Fax：03-329-2222

e-mail: staff@hujichocoss.com

注　お引き立てにあずかり厚く御礼申し上げます　特別히 아껴주시어 진심으로 감사 드립니다.

注　ご了承いただき　양해해 주시고

注　お問い合わせください　문의해 주시기 바랍니다.

問い 1　このメールの件名として①＿＿＿＿＿に入る最も適切なものはどれか。

　　1. 新商品のご案内

　　2. 品切れのお詫び

　　3. ご注文ありがとうございました

　　4. ご注文お取り消しいたしました

問い 2　このメールで差出人が最も言いたいことは何か。

　　1. 「クッキー恋人」は現在生産が中止されている。

　　2. 「クッキー恋人」は注文がなくて困っている。

　　3. 「クッキー恋人」の注文の要請が殺到している。

　　4. 「クッキー恋人」の注文は急いでほしい。

9章 副詞いろいろ・読解

＜副詞いろいろ＞

1. つい・思わず・うっかり・ふと・結局

① つい　「그럴 생각은 없었는데、무의식적으로 (〜해버리다) 」

+ 目の前にチョコレートがあったので、ダイエット中なのについ手をだしてしまった。

+ 面白い本を読んでいると、つい時間を忘れてしまう。

② 思わず　「할 생각은 없었지만、반사적으로 (〜해버리다) 」

+ 夜道で急に背中をたたかれたので、思わず大声を出してしまった。

+ 会議中なのに、田中さんの表情に思わず笑ってしまい、にらまれてしまった。

③ うっかり　「부주의해서 (〜해버리다) 」

+ 急いでいて、うっかり冷房を消し忘れて出かけてしまった。

+ 作成中の文書をうっかり消してしまい、大変なことになった。

④ ふと　「분명한 이유도 없이、돌연、무의식적으로」

+ 夜中にふと窓の外を見ると、いつの間にか雪が降っていた。

+ 最近、ふと学生時代のことを思い出すことがある。

⑤ 結局　　「결국」

+ 随分悩んだようだったが、結局彼はその服を買わなかった。

2. よけい（に）・むしろ・かえって

① よけい（に）「(〜라고 하면)전보다 더욱」「보통이상으로」「불필요한」

+ やってはだめだと言われると、よけいやりたくなるのが人間というものだ。

+ お金がよけいにかかっても、息子は私立の高校に入れたいと思っている。

  ✦　「もうちょっと女らしい服を着たら？」だなんて、よけいなお世話だ。

② むしろ　「둘을 비교하여, 어느 쪽인가 하면〜」「일반적으로 생각 되어지는 것과는 반대로〜」

  ✦　卒業を前にして、うれしいというよりむしろ寂しいという気持ちがする。

  ✦　今年に入って景気は回復すると予想されていたが、むしろ悪くなる一方だ。

③ かえって　「예상한 것과는 반대로」

  ✦　引っ越しの手伝いに行ったら、かえって邪魔になってしまったようだ。

3. せめて・せいぜい

① せめて「사실은 충분하지는 않지만, 적어도 (〜하고 싶다. 〜해줬으면 좋겠다)」는 마음

  ✦　毎日せめて6時間は寝たいものだが、最近忙しくてなかなか難しい。

  ✦　帰国前に、せめて一目だけでも会いたかった。

② せいぜい　「많다 해도, 최고라 해도」한계표현.

  ✦　うちの会社は夏休みが取れてもせいぜい5日だろう。

  ✦　今回の募集で採用されるのはせいぜい3人だということだ。

4. わざと・わざわざ・せっかく

① わざと　「의도적으로, 특별한 목적이 있어서 (보통은 하지 않는 것을 하다)」

  ✦　あのタクシーの運転手、私が道を知らないと思って、わざと遠回りをしたなんて、許せない。

② わざわざ　「사실은 불필요 한데도 불구하고, 특별히 수고를 하여, 특별히, 일부러」

  ✦　本日はわざわざ遠いところを来てくださって、ありがとうございます。

  ✦　夕日を見るために、わざわざ3時間もかけて行くなんて！

③ せっかく　　「모처럼, 애써」「애써~한데도 불구하고 (유감스럽게)」「애써~했기 때문에 (헛되게 하지 않다.)」

　　✦ せっかく張り切って作った料理が、冷めてしまった。

　　✦ せっかく資格を取ったのに、今の職場では生かせない。

　　✦ せっかく海に来たんだから、泳ぎませんか。

5. やっと・ようやく・とうとう・ついに・いよいよ

① やっと　　「오랫동안 기다렸던 것이 실현되어, 안심하는 기분.」「겨우, 간신히」

　　✦ 長い冬が終わり、やっと待ちに待った春が来た。

　　✦ 家族がやっと生活できる程度の給料しかもらっていない。

② ようやく　　「やっと」「겨우, 가까스로, 간신히」

　　✦ 道に迷った末、ようやく目的地に着くことができた。

③ とうとう　　「오랫동안 기다리거나, 걱정했던 것이, 지금, 일어나다！」
「やっと」「ようやく」와 달리, 바람직하지 않은 것이 일어나는 경우에도 사용.

　　✦ 3年かかって、彼は代表作とも言える大作をとうとう書き上げた。

　　✦ 真犯人はとうとう見つからなかった。

④ ついに　　「とうとう」「마침내, 드디어, 결국」「(부정어와 함께)끝끝내, 아직, 한번도」

　　✦ ついに一般人も宇宙旅行ができる日がやってきた。

　　✦ 彼は外国に行ったまま、ついに死ぬまで帰ってこなかった。

⑤ いよいよ　　「오랫동안 기다렸던 것이 시작되려는 기대감, 들뜬 기분을 나타냄.」
「드디어, 마침내」

　　✦ 4月からいよいよ僕も社会人だ。

　　✦ いよいよあしたからワールドカップが始まる。本当にわくわくする！

6. ますます・一段と・なお

① ますます　「전보다 더욱」「이전부터〜했었는데, 더욱〜」

   ◆ 高齢化社会はこれからますます進むと考えられている。

② 一段と　「전보다 훨씬」「ますます」보다 변화가 큰 느낌.

   ◆ 髪型を変えて、彼女は一段ときれいになった。

③ なお　　「더욱」「아직도 계속해서」

   ◆ このアパートの1階の部屋でも十分満足だが、2階が借りられるのならなおいい。

   ◆ 江戸時代から始まったその祭りは、今もなお続いている。

7. たまに・たまたま

① たまに　「횟수는 적은데, 이따금」「때때로보다 적다」

   ◆ 料理を作るのがいやなわけじゃないけど、たまには外で食事しましょう。

   ◆ たまの休みなのに、一日掃除やら洗濯やらしていたら終わってしまった。

② たまたま　「보통은 그렇지 않은데, 그때만은 우연히」

   ◆ 飛行機の中で具合が悪くなったが、たまたまお医者さんが乗っていて助かった。

   ◆ タクシーがつかまらず、困っていたら、たまたま友人が車で通りかかったので、乗せてもらった。

8. ずいぶん・けっこう・かなり・わりと

① ずいぶん　「생각한 것보다 많이 매우 놀란 기분.」「몹시, 아주, 대단히」

   ◆ 会議がずいぶん長引いて、約束の時間に遅れてしまった。

   ◆ 石田さんは、ずいぶん飲むんですね。あんなにお酒に強いとは！

② けっこう　「생각했던 것 이상으로」「그렇게〜라고는 생각하지 않았다.」는 기분. 「꽤, 제법, 상당히」

✦ このゲームやってみるとけっこう面白かった。

✦ このかばん、小さそうにみえるけど、けっこういっぱい入るね。

③ かなり　　「최고는 아니지만, 그에 가까운 정도다.」라고 할 때 사용.「꽤, 제법, 상당히」

✦ あの店のカレー、かなりからいよね。

✦ 最近、日本のニュースもかなりわかるようになってきた。

④ わりと　　「비교적」　　「그렇게 정도가 높지는 않지만, 보통이상.」

✦ 今日はわりと暖かいですね。きのうまでは本当に寒かった。

✦ 予約でいっぱいのレストランだが、平日はわりとすいている。

9. そろそろ・たびたび・いちいち

① そろそろ　　　「금방은 아니지만, 이제 곧」

✦ おなかもすいてきたことだし、そろそろ帰りましょう。

✦ マイホームがそろそろ完成するので、楽しみでしょうがない。

② たびたび　　「자주」「여러 번」

✦ たびたび注意しているにもかかわらず、むすこの言葉づかいは直らない。

✦ 韓国にはたびたび行っているけれども、韓国語はなかなか覚えられない。

③ いちいち　　「매회마다」　　「하나하나에 대해서」　　「귀찮다」는 느낌.

✦ わからない言葉の意味を、いちいち辞書を引いて調べるのは面倒だ。

✦ このサイトにアクセスするためには、いちいちパスワードをいれなければいけない。

10. とりあえず・早速・とっくに・やむをえず

① とりあえず「나중 일이나 다른 것은 생각하지 않고, 지금은 우선」「우선, 일단」

✦ 新しいパソコンを買うかどうか、まだ決めていないけど、とりあえずパンフレットだけは集めてきた。

✦ とりあえず話だけでも聞いてくれない？　だめなら断ってくれてもいいから。

② 早速　「바로」「무언가가 있을 때, 그에 반응하여, 바로 무언가를 할 때 사용.」

✦ 駅前に新しいレストランができたので、早速行ってみた。

✦ 早速のお返事ありがとうございます。

③ とっくに　「이미 훨씬 전에」　「지금 말하는 것은 늦는 기분. 」

✦ レポートなら、とっくに書いて出しちゃいました。

✦ あのコンサートのチケットはとっくに売り切れたよ。初日に完売だった。

④ やむをえず　「어쩔 수 없이」　「부득이」

✦ 電車が動かず、やむをえずタクシーに乗った。

11. 確か・もしかしたら・万一

① 確か「확실하게 기억하고 있지는 않지만, 기억이 확실하지 않을 때 사용.」

「(절대적이지는 않으나)분명히, 확실히, 틀림없이, 아마」

「確かに」는 확실히 자신 있을 때에 사용.

✦ 確かこの辺にインド料理の店があったと思うんだけどなあ。

✦ 昨日確かに借りた本をお返ししましたよ。

② もしかしたら/ ひょっとしたら　「가능성은 낮지만〜 (일지도 모른다) 」「어쩌면」

✦ いつも時間どおりに来る田中さんが来ないなんて、もしかしたら事故にでも遭ったのかもしれない。

✦ この子、こんなに絵がうまいんだから、ひょっとしたら将来は有名画家になれるかもしれない。

③ 万一　「가능성은 낮지만, 만약〜」　나쁜 일에 사용.

✦ 万一クレジットカードをなくしたら、すぐにカード会社に連絡をしましょう。

✦ 万一大地震があっても、この建物は大丈夫だろう。

12. ＜○ッ○リ＞

❶ さっぱり　「 개운한・깔끔한　맛/성격.　전혀 （さっぱり〜ない）.」

① シャワーを浴びてさっぱりした。

② 彼女はあまり物事にこだわらないさっぱりした性格だ。

③ この問題は難しくて、さっぱり分からない。

❷ すっきり　「깔끔한.　상쾌한.」

① よけいな説明を取ったら、文章がすっきりした。

② 問題が解決して、すっきりした。

❸ しっかり　「빈틈없이.　똑똑히.　확실히.　꽉.」

① 彼女は若いのにしっかりしていて、小さい弟の世話もよくする。

② 危ないから、ロープはしっかり結んでください。

❹ ぐったり　「녹초가 됨.」

① いつも元気な本山君も、走った後はぐったりしていた。

② こんなに暑いと、犬までぐったりしているよ。

❺ ぴったり　「꼭.　꽉.　딱.정각.」

① 姉にもらった服はサイズがぴったりだった。

② 10時ぴったりに、開会式は始まった。

③ その子は母親にぴったりくっついて離れない。

❻ そっくり　「꼭 닮은 모양.」

① あの姉妹は、顔もそっくりだけど、声もそっくりだね。

② 姉の声、母とそっくりなので、時々電話で間違える。

❼ たっぷり　「잔뜩.　많이.」

① 時間はたっぷりあるので、ゆっくり行こう。

② 彼は「大丈夫だよ」と自信たっぷりに言った。

❽ ぎっしり 　「꽉. 빽빽이. 」

① 箱を開けると、みかんがぎっしり詰まっていた。

② 最近忙しく、明日もあさっても予定がぎっしりだ。

❾ すっかり 　「완전히. 매우. 」

① きのう約束があったのに、すっかり忘れていた。

② 彼女、最近すっかり大人っぽくなったね。

❿ めっきり 　「뚜렷이. 현저히. 」

① 祖母はこの半年でめっきり老け込んでしまった。

② 最近めっきり春らしくなってきましたね。

⓫ うっとり 　「넋을 잃고. 」

① 海に沈む太陽があまりに美しいので、うっとり見入ってしまった。

② 彼は音楽を聞きながらうっとりしていた。

⓬ ばったり 　「딱. 털썩. 」

① 彼はうちに帰るなり、ばったり倒れてしまった。

② 町で中学時代の友人にばったり会った。

⓭ こっそり 　「남 몰래. 살짝. 」

① 高校時代、親に隠れてこっそりたばこを吸ったものだ。

② 妹 の日記をこっそり読んだことがある。

⓮ うっかり 　「깜빡. 멍청히. 」

① 家にうっかり財布を忘れてきてしまった。

② うっかりパソコンの上にコーヒーをこぼしてしまった。

⓯ ぐっすり 　「푹. 」

① 夕べはぐっすり寝られましたか。

② 疲れていたので、朝までぐっすり眠れた。

⓰ がっかり 　「실망하는 모양. 」

① あの作家の新作にはがっかりさせられた。

②　楽しみにしていた旅行が中止になって、がっかりしている。

⑰　にっこり　「한번 잠깐 웃다. 생긋.」「にっこりとも〜しない」의 형태로, 전혀

　　웃지않다.

①　「卒業おめでとう」と言ったら、彰子はにっこり笑った。

②　彼女はほめられても、にっこりともしなかった。

⑱　のんびり　　「한가롭게. 느긋한」

①　年を取ったら、田舎にいって、のんびり暮らしたい。

②　あの子はのんびりした性格で、人と争うこともない。

⑲　ぼんやり　　「희미한. 멍청히.」

①　子供のころのことだから、記憶がぼんやりしている。

②　ぼんやり歩いていたので、車にぶつかりそうになった。

⑳　うんざり　　「지긋지긋. 진절머리.」

①　課長の話はいつも長くて、うんざりする。

②　梅雨だから仕方がないが、こう毎日雨だとうんざりだ。

㉑　思い切り・思いっ切り　　「마음껏. 실컷.」

①　すき焼きを思いっきり食べたい。

13. ＜○ッと＞

❶　ほっと　　「안심.」

①　大きなプロジェクトが終わって、ほっとしたら、疲れがどっと出た。

②　母の手術が無事終わって、ほっとした。

❷　むっと　　「뚱한. 불끈.」

①　電車の中で中年の人に席を譲ろうとしたら、むっとした顔で断られた。

②　帰ろうと思っているところに、つまらない仕事を頼まれてむっとした。

❸ かっと 「발끈.」

① 悪口を言われてかっとして、なぐってしまった。

② 彼は短気で、すぐにかっとなる。

❹ どきっと 「움찔. 철렁.」

① 彼の言葉は鋭くて、ときどきどきっとさせられる。

② 明かりをつけないで、自転車に乗っていたら、警官に呼ばれて、どきっとした。

❺ ぎょっと 「 흠칫. 섬뜩.」

① 夜遅く帰宅する途中で、後ろから名前を呼ばれたのでぎょっとした。

② 暗い道で、急に何か飛び出してきたのでぎょっとしたが、ネコだった。

❻ ぞっと 「오싹.」

① 殺人犯が近所に住んでいたことがわかって、ぞっとした。

② 生物兵器が使われたら、どうなるか考えただけでも、ぞっとする。

❼ はっと 「문득. 퍼뜩. 깜짝.」

① レジに着いた時、はっと気がつくと財布を持っていなかった。

② 携帯で話しながら歩いていたら、自転車にぶつかりそうになってはっとした。

❽ じっと 「꼼짝않고. 가만히.」

① 1分もじっとしていることができない子供を、母親は怒ってばかりいた。

② 薬を飲んだが、全く効かないので痛みをじっと我慢するしかなかった。

③ 彼は、人と話す時、相手の目をじっと見て話す。

❾ ちらっと 「언뜻. 흘끗. 잠깐.」

① A:田中さんが、会社を辞めるんだって？

　 B:私もそんな話をちらっと聞いたけど、本当かな？

② もうみんな帰宅したはずだが、今ちらっと人影が見えた。誰だろう。

③ 今日はサボろうかとちらっと思ったけど、試験が近いのでやめた。

❿ ざっと 「대강.」

① 50ページにわたる報告書だが、時間がないのでざっと目を通した。

② 昨夜の講演会の参加者はざっと見ても、300人はいた。

⑪ さっと　「휙. 훌쩍. 잽싸게. 살짝.」

① 秘書の昭子さんは、お客さんがお茶をこぼすと何も言わずにさっとふいた。

② この野菜は日本では珍しいものですが、さっとゆでるだけで、おいしく食べられます。

⑫ そっと　「조용히.」

① 先輩は漢字の読み方を知らないようだったので、そっと教えてあげた。

② 小鳥を見つけたネコは、音も立てずにそっと近づいて襲いかかった。

③ 大変なことがあったばかりだから、一人にしてそっとしておいてあげましょう。

⑬ ぼうっと　「멍하니. 희미하게.」

① おふろのなかで、ぼうっとしているのが好きだ。

② 授業中、ぼうっとしていたら、先生にしかられた。

③ 今日は霧が出ているので、島がぼうっとしか見えない。

⑭ どっと　「왕창. 우르르. 와자그르.」

① 広告を出したら、どっと注文が来てサーバーがダウンしてしまった。

② 講演会で、発表者がおもしろいことを言ったので、みんながどっと笑った。

⑮ ずらっと　「쭉 늘어선.」

① 人気のラーメン店の前には毎日人がずらっと並んでいる。

② ミュージカルが終わってから、出演者がずらっと並んで挨拶をした。

14. 「ない」と一緒に使う副詞

❶ あまり　「あまり〜ない」의 형태로, 정도가 특별히 높지 않음을 나타냄.

① 今度の試験はあまり難しくなかった。

② DVDはよく見るけれども、テレビはあまり見ない。

❷ 少しも/ ちっとも　　「전혀〜하지 않다」。「ちっとも」 는 회화에서 사용.

① さっき頭痛薬を飲んだのに、少しも効かない。

② 景気がよくなったと言われるが、生活は少しも変わらない。

③ 彼はちっとも悪くないよ。悪いのは中田だよ。

❸ さっぱり 「전혀〜하지 않다」 「정말로 소용없다, 생각대로 안 된다」 라는 때에
사용.

① 不景気のせいか、新製品をだしても、さっぱり売れない。

② 酔っ払っていたので、夕べのことはさっぱり思い出せない。

❹ なかなか 「なかなか〜ない」 라는 형태로、「쉽게는〜하지 않다」 「바로는〜하지
않다」

① タクシーがなかなかつかまらないので、駅まで歩くことにした。

② 旅行に行きたいが、人手不足で、なかなか休みが取れない。

❺ めったに　「めったに〜ない」 라는 형태로, 「〜하는 경우가 아주 적다, 드물다」

① 日本の電車は正確で、めったに遅れることがない。

② このワインは日本ではめったに手に入らないものらしいよ。

❻ たいして 「기대・예상과는 달리, 그렇게」 좋은 의미로는 별로 사용하지 않는다.
또, 「たいした＋名詞」 의 형태로 사용하는 경우도 있다.

① 彼は音楽大学のピアノ科を出たらしいが、たいしてうまいとは思えない。

② 事故で怪我をしたと聞いたが、たいしたことはなかったらしい。

❼ そう　　「그렇게〜하지 않다」. 정도가 심하지 않음을 나타냄.

① この辺は、いくら寒くても0度以下になることはそうない。

② 最近はそう忙しくないので、誘ってくれれば遊びに行くよ。

❽ 決して　　「決して〜ない」 의 형태로, 「절대로〜않다」 는 강한 부정의 기분.

① 夢は信じ続ければ、かなうものだ。決して途中であきらめてはならない。

② 日本で過した2年間を私は決して忘れないだろう。

❾ まさか　「まさか〜ない」의 형태로, 「〜인 경우는 있을 수 없다, 있다면 놀랍다」
「ない」를 쓰지 않고도, 「믿을 수 없다！」는 기분을 나타냄.

① 大切な試験日をまさか忘れないだろうと思ったのに…。

② あの二人がまさか結婚するなんて！

❿ 二度と　　　「二度と〜ない」의 형태로, 「또다시 같은 일은 없다」라는 의미.

① こんなまずい店、二度と来ないよ！

② 楽しかった学生時代には二度と戻れない。

⓫ ろくに　「ろくに〜ない」의 형태로, 「충분히〜않다」「만족스러울 만큼〜않다」
라는 의미. 「ろくな＋名詞」의 형태도 사용.

① 夕べは隣の部屋がうるさくて、ろくに寝られなった。

② この店はろくな品物がないな。

15. その他

❶ あいにく　　　「유감스럽지만」「공교롭게」

① 旅行の日があいにくの雨で、がっかりした。

② 申し訳ありませんが、あいにく満席でして、少しお待ちいただくことになります。

❷ まるで　　　「정말〜같다」

① 今日は暖かくて、まるで春みたいだね。

② 宝くじに当たったなんて、まるで夢のようです。

❸ なるべく　　「될 수 있는 대로」

① 健康のために、なるべく歩くようにしています。

② 検討の上、なるべく早くお答えいたします。

❹ どうせ　「어떻게 하든, 결국〜라는 것은 알고 있으니까」「〜할 것이 정해져
있는 것이라면」「어차피, 이왕에, 결국」

① どうせ家に帰ってもやることがないんだから、映画でも見て帰ろう。

② どうせやるなら、なんでも楽しくやったほうがいいよね。

❺ あくまで　　「끝까지. 철저히」

① 彼はあくまで自分の意見にこだわった。

❻ 改めて　　　「새삼스럽게」

① 彼を失って、改めて彼の大切さに気付いた。

② 親が死んで改めてありがたさを知った。

❼ 中でも　　　「특히」

① 彼は秀才で、何でもよくできるが、中でも数学が得意だ。

❽ 半ば　　「절반. 반정도」

① 彼に頼んでも無理だと、半ばあきらめていた。

❾ 思い切って　　「과감히. 큰 맘 먹고.」

① はずかしかったが、思い切って発言してみた。

② 思い切って秘密を打ち明ける。

問題　（　　）の中の正しい方を選びなさい。

1. 飛行機で（たまに・たまたま）隣に座った人が、同じ高校の卒業生だった。

2. 友達と飲んでいると、楽しいので（うっかり・つい）飲みすぎてしまった。

3. マラソン大会なのに、（どうせ・あいにく）朝から雨が降っている。

4. きのう買ったばかりのくつを（なるべく・早速）はいてきた。

5. 夜中に（ふと・思わず）目が覚めて、寝られなくなることがある。

6. あまりにもかわいい猫だったので、（ふと・思わず）カメラのシャッターを切って
しまった。

7. 彼は学者というより、（むしろ・かえって）技術者だね。

8. 合格の知らせは、あきらめていたので（よけい・かえって）うれしかった。

9. イタリア語は難しいが、（せめて・せいぜい）日常会話ぐらいできるようになりた
いものだ。

10. このエレベーターは乗れても（せめて・せいぜい）10人だろう。

11. マヨネーズなんてどこでも買えるのに、彼女は（わざと・わざわざ）手作りする。

12. 不景気が続き、（ようやく・とうとう）うちの会社もリストラを行うようだ。

13. 何度もやり直しを命じられた企画が（ようやく・いよいよ）きのう通って、ほっと
している。

14. 田中さんなら（早速・とっくに）帰ったよ。何か用事があるんだって。

15. 2月に入って（とっくに・一段と）寒くなったね。

＜読　解＞

次の文を読んで、後の問いに対する答えとして最もよいものを一つ選びなさい。

　今までは、どちらかというと、どんな心持ちで勉強や仕事をしていったほうが幸せだろうかという視点で考えてきましたけれど、そうではなくて、社会の制度のあり方として、どんなものがよいだろうかという点を考えてみます。

　一つの提案は、もう少し進学のプロセスを変えてはどうか、少し大胆にいうと高校からダイレクトに大学へ進学するのを原則禁止して、いったん社会に出て働くことにしてはどうか、ということを考えています。

　よく言われていることですが、日本の大学は、大学入試のゴール地点になってしまっていて、そこで何を学ぶのか、そこでどんなことを身につけるのかという意識がかなり希薄です。一方では、大学を出てから働き始めた多くの人が、大学時代にもっと勉強をしておけばよかったと後悔したり残念がったりしている姿をよく見かけます。①これはとてももったいないことだと思います。

　このようなことを言うと、ならば、大学でもっと勉強をさせるようにすればいいじゃないか、それは大学でちゃんと教えていない君たち教師の責任じゃないか、というお叱りを受けそうですし、たしかに②反省すべき点は多々あると思います。けれども、現状では大学生がなかなかやる気を持てないという面もあるように感じています。

　それは、実社会で実際の仕事などを経験してみないと、その学問の重要性や必要性を実感できないという面があるからです。とくに経済学のような学問はそういう傾向が強いように思います。

（柳川範之　『独学という道もある』筑摩書房）

問い 1　①これはとてももったいないこととあるが、なにがもったいないのか。

1. 勉強できる環境では勉強の必要性に気づけず、卒業後に気づくこと

2. 苦労して大学に入っても、大学の勉強があわない学生が多いこと

3. 本当に勉強したがっている卒業生が、大学に入り直せないこと

4. 在学中の学生が、後悔している卒業生の姿をみることができないこと

問い 2　②反省すべき点は多々あるとあるが、反省するのはだれか。

1. 大学生

2. 大学の教師

3. 叱っている人

4. 大学を出てから働き始めた人

問い 3　筆者が大学進学について提案をしているのはなぜか。

1. 大学進学者の数を増やすため。

2. 大学の授業をもっと深い内容にするため。

3. 大学生がやる気を持てるようにするため。

4. 大学に入ってから後悔しないようにするため。

10章　意味が似ている副詞的/形容詞的表現・読解

< 副詞意味が似ている副詞的/形容詞的表現 >

1. 意味が似ている　副詞的表現

① 仕事を探すために（あらゆる・すべての）就職情報をチェックしている。

② 台風が近づいてきているので、明日は雨が（一段と・一層・更に・もっと）強くなるだろう。

③ 私の話を（ちっとも・まったく・全然）聞いてくれない。

④ 親友と言えるのは（せいぜい・多くても）五人ぐらいだ。

⑤ （いずれ・そのうち）社会に出れば、わかるだろう。

⑥ （いよいよ・とうとう）日本へ出発する日になった。

⑦ （間もなく・そろそろ・もうすぐ）出発の時間です。

⑧ （たびたび・しばしば・よく・何度も）先生に相談に乗ってもらった。

⑨ （しょっちゅう・頻繁に・年中）海外旅行に行っている。

⑩ 彼は（単なる・ただの）友人ではなく、大切な親友だ。

⑪ 行くかどうかわからないが、（とりあえず・一応）パンフレットだけもらった。

⑫ ちょっとぶつかっただけなのに、（大げさに・オーバーに）痛がっている。

⑬ （安易に・簡単に）何でも引き受けると大変ですよ。

⑭ 友人の秘密を（うっかり・思わず・つい）話してしまった。

⑮ 七月になって新型のテレビが（相次いで・続々と・次々と）発売されている。

⑯ （強引に・無理やり・無理に）お願いして、引き受けてもらった。

⑰ 彼は（案の定・やはり・予想通り）、今日も遅刻してきた。

2. 意味が似ている　形容詞的表現

① 前に貸したお金をまだ返していないのに、また貸してほしいと言うなんて、（厚かましい・ずうずうしい）。

② 彼はとても（内気・シャイ・恥ずかしがり）で、人の前で話すのは苦手らしい。

③ 子供たちの（生き生きした・活発な・元気な）様子を見ることができた。

④ 隣の部屋の人が（騒がしくて・やかましくて・うるさくて）、眠れない。

⑤ あの親子は、本当に（そっくりだ・似ている）。

⑥ この作家の表現力は（見事だ・すばらしい）。

⑦ 子供のころのことなので、記憶が（あいまいだ・はっきりしない）。

⑧ 子供のようにわがままを言うのは（みっともない・恥ずかしい）。

⑨ （厄介な・面倒な）問題が起きないように、よく考える必要がある。

⑩ （思いがけない・意外な）ところで高校時代の友達と会った。

⑪ こんなチャンスが来るとは、（まれだ・珍しい・めったにない・ほとんどない）。

⑫ まだ時間はあるので、少しやすんでも（差し支えない・問題ない・かまわない）だろう。

⑬ すぐに手術をしなければ、命が（危うい・危険な・危ない）状態だった。

⑭ そういう事情であれば（やむをえない・しようがない・しかたがない）ですね。

⑮ そんなに（わがままな・勝手な）ことを言ったら、みんな困ってしまいますよ。

問題　（　　）の中の正しい方を選びなさい。

1. 先生は（何でも・何分）来年にはお辞めになるそうですよ。

2. （何分・何でも）先月で会社を辞めましたので、松本には連絡ができないんです。

3. クレジットカードの支払い、来週だ。（何とか・何でも）しなければ。

4. 寒くないと思ったから、マフラーも（何も・何しろ）置いてきちゃった。

5. 勉強には（何とか・何と言っても）電子辞書が必要だ。

6. 少年達に人気があるスポーツは（なんでも・何と言っても）サッカーだねえ。

7. 難しいテーマだったけど、（何とか・何も）やっとレポートが終わった。

8. （何分・何で）こんなところに本があるの？　棚に戻しておいてよ。

9. みんなが働いているのに、一人だけ遊んでいて、（何とも・何とか）感じないの。

10. （何も・何で）そんなに怒んなくてもいいじゃない。グラスを割ったぐらいで。

＜読　解＞

1）次のAとBは、それぞれ「ほめる」ことをテーマにした本の一部である。AとBの
　両方を読んで、後の問いに対する答えとして最もよいものを一つ選びなさい。

A

　「ホメ言葉って、本当に効果的なのかな？」

と懐疑的な読者がいらっしゃるかもしれません。（中略）

たしかに人によっては、せっかくホメてあげても、「いやあ、ホメすぎですよ」「そんなこ

とないですよ」「うぬぼれちゃいますから、もう勘弁してくださいよ」と軽く流してしま

う人がいないわけではありません。

このように流されてしまうと、私たちは、「あれっ、ホメないほうがよかったのかな？」

と心配になってしまいますが、そんなことはないのです。相手は、もう、間違いなく喜ん

でおりますから、やめることなく、これからもどんどんホメてあげてください。

ホメ言葉というのは、①ジワジワと効いてくる麻酔のような性質を持っていて、「私は、

ほかの人のお世辞などに影響されないぞ」という人でも、自分でも気づかないうちに

影響を受けてしまうもの。ホメ言葉は、まさに無意識的に働いて、相手の行動を変えさ

せてしまうほどの力を持っているのです。

（内藤全誼人『すごい！ホメ方　職場で、家庭で、恋愛で・・・相手を思うままに操る悪魔の心理学』廣済堂あ
かつき）

B

　古代ローマの英雄カエサルは「人は見たいと欲するもんしか見ようとしない」と言ったというが、通常、人は自分が興味関心のあることについてしか目をむけようとしない。けれども「ほめる」という意識を持って人を観察しているうちに視野が広がっていき、これまで気がついていなかったその人の魅力や長所が見えるようになってくる。ほかの人には見えていないその人の魅力に、自分だけが気づくといったことも可能になるのだ。

　ほめることが上手な人は、それだけ人や世界の美しいところ、素敵なところを見つけ出すのがうまいということだ。つまり自分を「ほめる体質」に変えることは、人を幸せにするだけではなく、自分自身の人生を豊かで彩りあるものにすることにもつながるのだ。

（伊東明　『ほめる技術、しかる作法』　ＰＨＰ研究所）

（注1）　うぬぼれる：　自負する。思い上がる。
（注2）　勘弁する：　許す。
（注3）　彩り：　おもしろみ

問い　1　「①ジワジワ」と同じ意味の使い方をしているのはどれか。

　　1.　この映画は見ているうちにじわじわこわくなってくる。

　　2.　私のかぶっている帽子が変なのか、電車の中でじわじわ見られた。

　　3.　道が凍って、じわじわなので、歩く時は気をつけて。

　　4.　レポートを締め切りじわじわに出した。

問い 2　AとBは「ほめること」についてどのように考えているか。

1.　AもBも、ほめることは良いことだと考え、ほめることをすすめている。

2.　Aは、ほめることを無条件にすすめているのに対し、Bは、ほめることで相手
を変えなければならないと述べている。

3.　Aは、ほめることで相手を変えなければならないと述べているのに対し、Bは、
ほめることを無条件にすすめている。

4.　AもBも、ほめることは良いことだが、ほめることで相手を変えなければなら
ないと述べている。

問い 3　AとBは「ほめること」について、どのようなことを主張しているか。

1.　Aは「ほめる人」に及ぼす効果について、Bは「ほめられる人」に及ぼす効果
について述べている。

2.　Aは「ほめられる人」に及ぼす効果について、Bは「ほめる人」に及ぼす効果
について述べている。

3.　AもBも「ほめる人」に及ぼす効果について述べている。

4.　AもBも「ほめられる人」に及ぼす効果について述べている。

2) 次の文章を読んで、後の問いに対する答えとして最もよいものを一つ選びなさい。

先日、東京で世田谷区内のある郵便局へ行ったところ、ジュースをだしてくれました。50歳前後と思われるその女性に、これはどういう意味なのかお聞きしましたところ、客へのサービスとのことです。

ん！？　サービス！？・・・・私は一瞬ことばにつまったあと「もっと本質的なサービスがあるはずですがね」と言ったものの、彼女に責任のある問題ではないので、それ以上の意地悪質問はやめました。というのは、①こんな「本質的」事件があったからです。

この「ジュース」のときから三ヵ月ほど前になりますが、同じ郵便局へ行ったとき、たまたまガラス棚の中に「ストックブック」と書かれた札とともに切手入れ帳の見本があるのに気づきました。しかし、鍵がかかっているので、手にして実物を調べることはできません。近くにいた職員の一人に、これを買いたいむねを告げると、奥から別の一冊をもってきてくれました。

なぜこれが欲しかったかというと、使う切手を保存するさい、種類別に整理してあると、そのときどきに必要な切手をさがしやすいし、汚れも防ぎやすいからです。以前ある弁護士事務所を訪ねたとき、そのような切手分類保存帳を見て「これは俺も買っておこう」と思っていたのでした。

で、さっそく買って帰り、雑然と袋にはいっている自宅の切手を種類別に分けて入れようとしたところ、②どうも勝手が違うんですね。つまり出し入れが非常に面倒なのです。よくよく見ると、これは記念切手を保存するための、切手の趣味人たちが使うアルバムらしい。実用切手のためには全く不便です。「ストックブック」といえば記念切手用だけのことを意味するのか、私はよく知りませんけれど、ともかくこれでは使い道がありません。仕方がないので、郵便局へ返しに行きました。実用のためのものと交換してほしい。もしそれがないのであれば引きとってほしい。

　ところが、窓口の人は③<u>妙な態度</u>なのですね。実用のためのものはないし、いったん

売ったものはひきとれない、と。もちろん使わなかったので新品のままですし、なんの欠陥

もありません。「そんなバカな・・・」と、私は少々声をあららげました。すると窓口の

彼氏は奥から別の人を呼び、その人は私を局内の別室へつれていきました。郵便課長と

のことです。そこで改めて、これはひきとれないと主張します。私も言いました。一般

の商店ではこんなバカなことは考えられない。たとえば文具店でこの種のものを買った場

合、目的が違えば交換してくれるし、なければ引きとってくれる（中略）

　課長は言いました——「いま会計のところへ行って聞いてきましたが、やっぱりダメだ

そうです」会計がどう言おうと、そんなものはますます官僚主義の正体を示すだけのこ

と、何の弁解にもなりません。それによって私の抗議が変わるわけでもありません。

（注１）ことばにつまる：　黙る。

（注２）雑然：　ごたごたと入り混じっている様。まとまりのない様。ごちゃごちゃ。

問い　1　①こんな「本質的」事件の内容として最も適切なものはどれか。

　　1．欲しかった「ストックブック」が郵便局で見つからなかったこと

　　2．郵便局で買った「ストックブック」が返品できなかったこと

　　3．郵便局で買わされた「ストックブック」の質が悪かったこと

　　4．郵便局にあった「ストックブック」の説明が間違っていたこと

問い 2　②どうも勝手が違うんですねと同じ意味の使い方をしているのはどれか。

1. 勝手にしろ。

2. 勝手口から入る。

3. 使い勝手の良いクローゼット

4. 勝手が苦しい。

問い 3　③妙な態度とは、どのような態度か。

1. 筆者の要求に対応できないという態度

2. 筆者と二人だけでゆっくり話したいという態度

3. 筆者がだれなのかわからなくて困ったという態度

4. 筆者とは話したくないので、ほかの人に代わってほしいという態度

問い 4　この文章で筆者が最も言いたいことは何か。

1. 郵便局は、ジュースを出すといった「本質的でないサービス」をすぐにやめる
   べきだ。

2. 郵便局は、一般の商店では常識の「本質的なサービス」をするべきだ

3. 郵便局は、客の欲しがる商品をいつでも出せるように準備しておくべきだ。

4. 郵便局は、窓口の担当者を会計のわかる人にするべきだ。

3) 問いに対する答えとして最もよいものを一つ選びなさい。

スポーツをやる目的やかかわり方は種々多様である。オリンピックで金メダルを争うような熾烈なスポーツもあれば、勝敗はともかくみんなで楽しく遊べばよいというスポーツもある。健康のために、あるいはレクリエーションのためにというスポーツのある一方で、スポーツが仕事というプロスポーツも存在している。しかし、やり方や目的は違え、どれもスポーツであることには変わりはない。（中略）

レベルは違ってもスポーツはスポーツなのであり、そのレベルから少しでもうまくなり、強くなろうとするやり方は基本的には違いのないものである。頂点に通じる長い山道のどこを歩いているかの違いであり、けわしさや空気の薄さは上にいくほどつらくはなるが、歩いて進むことや歩き方には変わりはない。そしてどこで立ち止っても山の空気は新鮮で、景色は美しい。その人その人によって、どの高さで楽しんでもいいものだし、そうして誰にでももう少し高く登ってみたいと思わせるのがスポーツというものなのである。

（浅見俊雄『スポーツの科学』東京大学出版会）

問い　この文章で筆者が最も言いたいことは何か。

1. 登山は、どんな人でも楽しむことができ、誰もがより高いところを目指そうとする。

2. 登山というスポーツは、上にいくほど苦しくなるが、どこにも楽しさはある。

3. スポーツは、どのレベルでも楽しさがあり、少しでも上達したいと思うものである。

4. スポーツにはさまざまなレベルがあるが、楽しくないものはスポーツではない。

4) 問いに対する答えとして最もよいものを一つ選びなさい。

　　かなり前のことですが、若い友人の作家がぼくにピアノを習いませんか、とすすめたことがありました。

　「五木さん、ごらんなさい。ピアニストはみんな驚くほど長命でしょう？それにいつまでもボケません。あれは両手の指を同時に動かすことが肉体と精神にすばらしくよいということの証拠なんです。」

　　ぼくは彼の言葉には賛成でしたが、今さらバイエルをさらう気もせずに笑って辞退しました。しかし、彼の言葉は正しいと思います。ピアノだけではない。絵を描く人だって、ロクロをひく人だって、みんな長生きで元気です。ことに彫刻家はすごい。

　　手を使って何かをすることは、人間にいい影響をおよぼすんですね。しかし、それだけではないんじゃないか。手を使うだけでなく、手が喜んでいることが大事だとぼくは思うのです。ピアノを弾くことは指にとってもよろこびです。彫刻も創造的な作業です。絵を描くのも、ろくろをひくのも、みんな創造的なよろこびがある作業です。

　　ただ、指を運動させる、ということとは少しちがうものがそこにはありはしないか。トレーニングとして機械的に指の訓練をすることも悪くはないでしょう。しかし、それだけでは何かがたりない。そうです。よろこびをともなってこそ、指は人の生命をいきいきとよみがえらせるのだと思います。

（五木寛之『生きるヒント―自分の人生を愛するための12章―』角川書店）

（注1）バイエル：ピアノの初級テキスト

（注2）さらう：復習、練習する

（注3）ロクロをひく：円形の道具を回して茶碗や花瓶などを作る

問い 1　この文章で筆者が最も言いたいことは何か。

1. 芸術家は両手をいつもよく動かしているので、長生きである。

2. 機械的に指を動かしていれば、創造的な仕事が生まれ、長生きすることもできる。

3. 指を動かすことが人にいい影響を与えるには、それにともなうよろこびが必要である。

4. 指のトレーニングをすることは、人の肉体と精神にいい影響をおよぼす。

問い 2　長命　証拠　辞退　訓練の言葉の読み方として最もよいものを、1・2・3・4から一つ選びなさい。

1. ちょうめい　　しょうこう　　じたい　　くんれん

2. じょうめい　　しょうこ　　　じたい　　くんれん

3. ちょうめい　　しょうこう　　じたい　　くんれん

4. ちょうめい　　しょうこ　　　じたい　　くんれん

11章 慣用表現・読解

<慣用表現>

1. 「体」のことばを使った慣用表現

1）「目」

① 目がない「 아주 좋아하다. 먹는 음식에 사용하는 경우가 많다.」

彼女は甘い物に目がない。

② 見る目がある（ない）　「올바르게 평가 할 수 있다（없다）.」

姉は人を見る目がないので、よくだまされる。

③ 目を通す　　「대충 전부 훑어 보다.」

部長、この書類に目を通していただけませんか。

④ 目に付く　「보이다. 눈에 띄다.」

宣伝のポスターなんだから、目に付くところにはらないと意味がないよ。

⑤ 目を盗む　　「몰래 무언가를 하다.」

授業中、先生の目を盗んで、携帯メールを打つ学生がいる。

⑥ 目もくれない　　「전혀 흥미를 보이지 않다.」

彼は雑誌や小説のコーナーには目もくれず、専門書の棚に向かった。

⑦ 目を丸くする　　「매우 놀라다.」

森下さんの姿があまりにも変わっていたので、彼は目を丸くした。

⑧ 目を疑う　　「보고도 믿지 못하다. 의심하다.」

20万円のパソコンを秋葉原で5万円で売っていたので、目を疑った。

⑨ 目に浮かぶ/ 浮かべる　　「머릿속에 이미지가 떠오르다.」

この音楽を聞くと、ふるさとの山や川が目に浮かぶ。

彼女の喜ぶ姿を目に浮かべながら、プレゼントを選ぶのは楽しい。

⑩ 大目に見る　　「남의 실수를 관대하게 보다.」

5分くらいの遅刻は大目に見てくれませんか。

2)「口」

① 口が堅い　　「해서는 안 될 말은 쉽게 말하지 않다.」

林君は口が堅いから、プライベートな相談をしても大丈夫だよ。

② 口が軽い　　「비밀이든 뭐든 남에게 바로 말하다.」

彼女、口が軽いから、彼女に話したら次の日には学校中に広まっているよ。

③ 口が滑る　　「말할 의도는 아니었는데, 그만 말 해 버리다.」

お酒を飲んでいたので、口が滑って、山田君の秘密をしゃべってしまった。

④ 口を出す　　「관계없는데, 이야기에 끼다.」

子供のけんかに親が口を出すのはよくない。

⑤ 口に合う　　「맛이 입에 맞다.」

これ、北海道旅行のお土産です。お口に合えばよろしいのですが…。

⑥ 口が悪い　　「입이 걸다.」

高山さんは口は悪いけれども、心はやさしい人だよ。

⑦ 口がうまい　　「말을 잘하고, 발림 말과 남 속이는 말을 잘한다.」

口のうまいセールスマンだったので、つい必要のないものまで買ってしまった。

3)「手」と「足」

① 手が空く　　「(일)손이 비다. 틈이 나다.」

高橋君、手が空いたら、こっちを手伝ってくれない？

② 手が離せない　　「할 일이 있어, 다른 일을 할 수 없다. 」

悪いけど、今、手が離せないので、後でこちらから連絡するよ。

③ 手が足りない　　「일손이 부족하다.」

12月は忙しくて、手が足りなくなるので、アルバイトを雇う予定だ。

④ 手がかかる　　「손이 많이 가다.」

ペットは手がかかるので、飼うのは大変だ。

⑤ 手を抜く　　「제대로 하지 않고, 일을 겉날리다.」

店長が見ていないからといって、仕事の手を抜いてはいけない。

⑥ 足が棒になる　　「다리가 뻣뻣해지다.」

今日は仕事で一日中歩き回ったので、足が棒になった。

⑦ 足の踏み場もない　　「물건이 많고, 지저분하다. 발 디딜 곳도 없이 너저분하다.」

彼女の部屋は、いつも足の踏み場もないほどちらかっている。

⑧ 足を運ぶ　　「그곳에 일부러 가다.」

店に何度も足を運んだのに、話題のケーキはいつも売り切れだった。

4)「顔」と「頭」

① 顔が広い　　「발이 넓다. 교제범위가 넓다.」

彼は顔が広いので、いい就職口を探してくれるかもしれないよ。

② 大きい顔をする　　「거들먹거리다. 잘난 체하다.」

新入社員なのに、社長の親戚だからといって、大きい顔をしている。

③ 頭が痛い　　「문제가 있어 골치 아프다.」

新しいプロジェクトは、問題が山積みで頭が痛い。

④ 頭にくる　　「화가 나다.」

田中のやつ、おれの悪口をあちこちで言っているらしい。頭に来る。

⑤ 頭が固い　　「융통성이 없다.」

仕事に新しい手法を取り入れたいが、上司の頭が固くて、許可がもらえない。

⑥ 頭が上がらない　　「고개를 들지 못하다. 큰소리를 칠 수 없다. 」

彼には借金をしているので、頭が上がらない。

5)「鼻」と「耳」

① 鼻が高い　　　우쭐해 하다. 자랑스럽게 생각하다.

息子の勇気ある行動は、親としても鼻が高い。

② 耳が痛い　　「 듣기에 괴롭다. 」

親からの結婚話を聞くのは耳が痛い。

③ 耳にたこができる　　「 귀에 못이 박이다.」

父の大学時代の自慢話は耳にたこができるほど聞かされた。

④ 耳にする　　「(우연히) 듣다.」

田中君について、変なうわさを耳にしたんだけど、本当かなあ。

6)「その他」

① 首を長くする　　「 애타게 기다리다.」

子供は父が出張から帰るのを首を長くして待っていた。

② 肩を並べる　　어깨를 나란히 하다.

10年前は小さな会社だったが、最近は一流企業と肩を並べるまでになった。

③ 腹が立つ　　화가나다.

人の物を勝手に持って帰るなんて、腹が立つなあ。

④ 喉から手が出る　　「몹시 탐이 나다. 」

その本喉から手が出るほど欲しいんだ。

問題 1 ｛　　｝の中から適当な言葉を選んで、（　　）に入れなさい。

｛目　口　手　足　頭　腹｝

1. ペットを飼うのは、けっこう（　）がかかるものだ。

2. あの男の子はおもちゃには（　）もくれないで、ゲームの方に走って行った。

3. 今年に入って問題続きで、社長としては（　）が痛い。

4. これは私達夫婦の問題だから、お母さんは（　）を出さないで。

5. 本日は、お忙しいところ、私達の演奏会に（　）をお運びいただき、ありがとうございました。

6. 失礼な店員の態度に（　）が立った。

問題 2 ｛　　｝の中から適当な言葉を選んで、必要なら形を変えて（　）に入れなさい。

｛離す　上がる　並べる　盗む　滑る｝

1. 仕事中、部長の目を（　）、パソコンゲームをやることがある。

2. つい口が（　）、中村のテストの点をみんなに言ってしまった。

3. 今、忙しくて手が（　）ないので、だれかお弁当を買ってきてくれない？

4. 経営者が代わってから、このホテルは世界一流ホテルと肩を（　）までになった。

5. 私はいつも妻に苦労ばかりかけているので、頭が（　）ない。

2.「気」を使った慣用表現

1)「ある・ない・する・なる」

① 気がある・ない　　「〜 할 의사가 있다・없다. 」

新入社員の田中君、やる気があっていいね。

山口君って、陽子さんに気があるみたいよ。陽子さん、彼がいるのに。

② 気にする　「 걱정하다. 」

彼は試験の成績が悪かったことを気にしている。

大丈夫、気にしないで。ほかにも手伝ってくれる人がいるから。

③ 気になる　　「 걱정이 되다. 마음에 걸리다.」

隣にどんな人が引っ越してくるか気になる。

2)「入る・くわない・障る・しない・進まない・向く・合う・許す」

① 気に入る　　「 마음에 들다. 」

靴を買いにいったが、気に入ったものが見つからなかった。

② 気にくわない　　「 마음에 들지 않다. 」

彼女は気にくわないことがあると、すぐ怒り出す。

③ 気に障る　　「 불쾌하게 느끼다. 비위에 거슬리다.」

私が言ったことが気に障ったのなら、ごめんなさい。

④ 〜気がしない　　「〜한 느낌이 들지 않다. 」

彼女とは初対面なのに初めて会った気がしない。

⑤ 気が進まない　　「 마음이 내키지 않는다. 」

飲みに誘われたけど、どうも今日は気が進まないので、断った。

⑥ 気が向く　　「 마음이 내키다. 할 마음이 들다.」

日記を毎日ではなく、気が向いた時に書くことにしている。

⑦ 気が合う　　　「 마음이 맞다.」

職場にはいろいろな人がいるので、気が合わない人がいてもしょうがない。

⑧ 気を許す　　　「마음을 열어 경계를 풀다. 방심하다.」

彼女は心の底から気を許した相手でないと、本当の自分を見せない。

3)「つく・つける・掛ける・掛かる・使う・配る・利く・利かせる・回る」

① 気がつく　　　「 그것에 생각이 미치다.」

夕べ、地震があったらしいが、全然気が付かなかった。

② 気をつける　　　「 주의하다. 조심하다. 」

暗いから足元に気をつけてね。

③ 気に掛ける　　　「 염려하다. 걱정하다.」

彼女は遠くで一人暮らしをする息子のことをいつも気に掛けている。

④ 気に掛かる　　　「〜이 걱정이다.」

明日から旅行に行くので、天気が気に掛かる。

⑤ 気をつかう　　　「 신경을 쓰다. 주의하다.」

目上の人ばかりいるパーティーではどうしても気をつかってしまう。

⑥ 気を配る　　　「 주의하다. 배려하다. 두루 마음을 쓰다.」

健康のために、食生活にも気を配るようにしている。

⑦ 気が利く / 気を利かせる　　　「 자잘한 곳까지 신경을 쓴다. 세련되다. 멋이 있다. 」

お客さんが来たのに、お茶も出さないなんて、気が利かないね。

⑧ 気が回る　　　「 자잘한 데까지 주의가 미치다. 」

彼女は細かいことにまで気が回るので、一緒に仕事をしていて助かる。

4)「小さい・短い・多い・重い・早い」

① 気が小さい　　　「 소심하다. 」

上司に言いたいことも言えないなんて、気が小さいね。

② 気が短い　　「 성질이 급하다.」

私は気が短いので、つりは向いていない。じっと待っているなんてがまんできない。

③ 気が多い　　「 변덕스럽다. 여러 가지 일에 관심이 있다.」

テニスにダンスに英会話、それにお料理教室にも通っているの？ 趣味が広いとい

うか、気が多いというか。

④ 気が重い　「 마음이 무겁다. 우울하다.」

妻にリストラされたことを言うのは気が重いが、隠すわけにもいかないだろう。

⑤ 気が早い　　「 성급하다. 」

生まれたばかりの赤ちゃんのために、くつを買ってくるなんて、気が早いね。

5) その他

① 気の毒　　「 딱함. 안됨. 」

電車の事故で、試験に遅れたなんで、気の毒だね。

② 気のせい　　「 마음 탓. 기분 탓. 」

だれかに呼ばれたような気がしたけど、気のせいだったようだ。

③ 気が気でない　　「 몹시 초조하다. 」

試験の結果が気になって、発表の日は朝から気が気でない。

④ 気が散る　　「 산만해지다. 」

隣の部屋がうるさくて、気が散って勉強できない。

⑤ 気が済む　　「 마음이 홀가분해지다. 만족해지다. 」

嫌なことがあったが、泣くだけ泣いたら気が済んだ。

⑥　気まずい　　　「 거북하다. 서먹서먹하다.」

彼とはきのうけんかをしたばかりなので、二人きりになると何だか気まずい。

3. いろいろな慣用表現

1) マイナスの意味の表現

①　いい迷惑だ　　　「 달갑지 않다. 」

年度末になると、あちこちで道路工事が行われる。どこも込んでしまって、車を利用

する者にとっていい迷惑だ。

②　下手をすると　　　「 자칫 잘못하면. 섣불리 하다가는. 」

タバコを吸っている高校生を注意するのも大変だ。下手をすると、逆切れされて、

反対にこちらが怖い思いをすることになる。

③　もうたくさんだ　　　「 이것으로 충분하다. 이제 그만 됐다.」

毎日怖い事件や事故が伝えられる。こんなニュースはもうたくさんだ。

④　話にならない　　　「 말도 안 된다. 」

こんな狭いのに、家賃が15万円では、話にならない。借りたくない。

2) 人についてプラスの評価をする表現

①　上には上がある　　　「 뛰는 놈 위에 나는 놈 있다.」

少女はピアノの天才と言われてコンクールに出場したが、結局何も賞を取れな

かった。上には上があるなあ。

②　右に出る者がない　　　「견줄 자가 없다.」

パソコンの知識に関しては、彼の右に出る者がない。

③　株が上がる　　　「한 일이 인정받아, 평가가 좋아지다.」

たまに部下を飲みに連れていくことで、課長としての株が上がる。

④ **話がわかる**　　「상대의 입장이나 마음을 잘 이해 할 수 있다.」

先生は**話がわかる**方だ。飲(の)み会(かい)に来(き)ても、1時間すると、2万円を置いて先に帰る。

先生がいると学生がリラックスできないのを知っているからだ。

3) 時間を表す言葉を使った慣用表現

① **朝飯前(あさめしまえ)**　　「쉽게 할 수 있다.」

1000字ぐらいのレポートなら、**朝飯前(あさめしまえ)**だよ。すぐできるよ。

② **時間の問題だ**　　「그렇게 되는 것은 확실하고 분명하다. 시간문제다.」

お互(たが)いの考(かんが)えのいいところを認(みと)め合(あ)っているから、話がまとまるのも**時間(じかん)の問題(もんだい)だ**。

③ **昨日(きのう)や今日(きょう)〜ない**　　「어제 오늘 일이 아니다. 이전부터다.」

このアイデアは**昨日(きのう)や今日(きょう)**思いついたのでは**ない**。前から考えていた案(あん)だ。

④ **今(いま)の今(いま)まで**　　「바로 직전까지. 놀라움을 나타낼 때 사용.」

あのお年寄(としよ)りが大企業(だいきぎょう)の会長(かいちょう)なんて、**今(いま)の今(いま)まで**知(し)らなかった。

4) その他(た)

① **捨(す)てたものでは（でも）ない**　　「 제법 쓸만하다. 아직 쓸만하다. 」

「最近(さいきん)の若者(わかもの)は礼儀(れいぎ)をしらない」と年配者(ねんぱいしゃ)は言うが、電車(でんしゃ)で席(せき)を譲(ゆず)る若者(わかもの)を見ると、

この国もまだ、**捨(す)てたもんじゃない**と感じる。

② **いい薬(くすり)になる**　　「실패 등의 경험이 그 사람을 성장시키는데 도움되다.」

レポートの締(し)め切(き)りに1時間遅(じかんおく)れただけで受(う)け取(と)ってもらえなかった。次からはきちんと締(し)め切(き)りを守(まも)るだろう。今回(こんかい)のことがいい薬(くすり)になった。

③ **馬鹿(ばか)にできない**　　「무시할 수 없다. 」

バス代(だい)の10円(えん)の値上(ねあ)げでも、毎日(まいにち)になると**馬鹿(ばか)にできない**額(がく)になる。

④　男を上げる⇔男を下げる　　「훌륭한 일을 하여, 남자로서의 평가가 올라가다.

⇔창피한 일을 하여 남자로서의 평가를 떨어뜨리는 것.」

彼は電車の線路に落ちた人を助けて、**男を上げた**。

彼は二日酔いの酒臭いスーツのまま出社して、**男を下げた**。

⑤　甘く見る　　　「대단하지 않다고 쉽게 생각하다.」

中間テストだからと**甘く見ない**ように。学年末の成績にも影響ありますよ。

⑥　笑いが止まらない　　「예상이상의 소득이 있어, 매우 기쁜 모습.」

新しいゲームソフトが評判になってどんどん売れる。まったく**笑いが止まらない**よ。

問題 3　{　　}の中から適当な言葉を選んで、（　　）に入れなさい。

{　大きい　早い　　長い　高い　広い　重い　軽い　痛い　}

1.　入試も終わっていないうちに、もう合格祝いを準備するなんて、ずいぶん
　　気が（　　）話だね。

2.　最近の若者は敬語が使えない」と言われて、私も耳が（　　　）。

3.　彼は最近営業成績がいいので、新入社員のくせに（　　）顔をしている。

4.　あしたはテスト。全然勉強していないので気が（　　）。

5.　彼は顔が（　　）ので、いろんな業界に知り合いがいる。

6.　私の教え子がスピーチ大会で優勝したので、ちょっと鼻が（　　）。

7.　田中君は口が（　　）から、秘密を知られたら大変だ。

問題 4　{　　}の中から適当な言葉を選んで、必要なら形を変えて（　）に入れなさい。

{　する　　回る　　進む　　済む　　来る　}

1.　旅行に誘われたけれども、気が（　　　）ないから、断った。

2.　一度気が（　　）まで、あの店のおすしを食べてみたい。

3.　部長は営業成績ばかり気にして、部下の教育にまで気が（　　）ないようだ。

4.　おいしいのかもしれないが、見た目が悪いと食べる気が（　　）ない。

5.　部長は、いつもおれのアイデアを自分のアイデアのように会議で言うもんだか
　　ら、頭に（　　）。

問題 5 ｛　　｝の言葉を使って、（　　）を書き換えなさい。

｛　長い　　丸い　　棒　　向く　　合う　｝

1.　今日は、ずっと歩いて観光したので（足が疲れた→足　　　　　）。

2.　（そういう気持ちになったら→気　　　　　　）、私のうちにも遊びに来て
　　くださいね。

3.　田中さんは私の話を聞いて、（大変驚いた→目　　　　　　）。

4.　この旅館はいい旅館だが、料理は私の（好みではない→口　　　　　）

5.　その子は母親が旅行から帰ってくるのを（とても楽しみに→首　　　　）待
　　っていた。お土産を期待しているのだ。

問題 6 （　　　　）の中の正しい方を選びなさい。

1.　彼の絵には、人の（心を打つ・恨みを買う）何かがある。

2.　林さんの大切にしているＣＤを借りたままなくしてしまったので、何だか会っても
　　（気まずい・　気に食わない）。

3.　兄は気が（短い・気でない）ので、注文した料理がすぐ出てこないと、文句を言う。

4.　玄関に誰か来た気がしたけど、（気のせい・気の毒）だろう。

5.　飛行機の出発時まで30分あると甘く（見て・聞いて）買い物に時間がかかって、結
　　局乗り遅れてしまった。

6.　お客さんにお茶も出さないなんて、気が（利かない・進まない）ね。

7.　業績不振のため、リストラされるんじゃないかと（気が気でない・気に食わない）
　　らしい。

8.　これまでのやり方ではうまくいきません。頭を（切り替える・冷やす）必要があり
　　ます。

9.　自分の作品がほめられたので、ちょっと（鼻が高い・鼻につく）気分でした。

10. 人が真剣（しんけん）に話しているのに、（鼻で笑ったり・鼻にかけたり）しないでよ。

11. 林さん、人のことに（口をきく・口をはさむ）暇（ひま）があったら、自分のことをちゃん
　　とやってほしい。

12. このニュースを、急いで社長の（耳に入れ・耳にし）なければならない。

13. さっきから西村さんを見たら、（肩にすごく力が入って・肩をがっくり落として）
　　歩いていたけど、何かあったの？

14. 法律（ほうりつ）も関係（かんけい）するので、私一人の（手に負える・手に入る）問題ではありません。

15. 女優（じょゆう）の木村マリア、年齢（ねんれい）（さば読んで・念を押して）たらしいね。27歳って言って
　　るけど、ほんとは30歳だって。

＜読　解＞

次の文章を読んで、後の問いに対する答えとして最もよいものを一つえらびなさい。

　物を買う、という行為は、この国ではなぜかあまり褒められない行為のように受けとられています。＜浪費癖＞だとか＜衝動買い＞だとか＜無駄遣い＞だとか、そういう言葉に表現されるように、必要以外のものを買う人間はあまりがんばしい評判を得られません。しかし、以前から思っていることなのですが、物を買う、ということは、決してただお金を浪費し虚栄心を満足させるだけではないような気がするのです。

　何か嫌なことがあって、むしゃくしゃした気分を抑えるためにショッピングする人がいます。必要のないものにお金を遣うなんて愚かしい行為だと理性的な人は言うでしょうが、それでも人間の精神のバランスをとるために費用をかけたと思えば、①それはそれでいいんじゃないでしょうか。

　人間は大人になって死ぬまでの間、お金のことで苦労しながら生きてゆきます。生まれながらにして無限の富を与えられた人は別ですが、ほとんどの人はお金の苦労というものでエネルギーをすり減らすことになります。そんな中で一瞬ふっと、お金のほうが主役で、自分はそれによってふり回されているつまらない存在のように感じられることがあります。

　お金のことで苦労し、血と汗を流している人ほど、どういうものか無駄遣いすることがあるのです。一見、逆のようですが、②それはお金に対する人間性のささやかな反抗とでもいえるんじゃないでしょうか。お金を浪費する、やけっぱちになって紙屑のように遣う、そのことでもって、こちらのほうが主人なんだぞ、お金に使われてるんじゃないぞ、と心の中でうっぷんを晴らしているのかもしれません。お金に復讐することで人間性を回復しようとしているのです。

（五木寛之　「生きるヒント―自分の人生を愛するための12章―」角川書店）

問い　1　①それはそれでいいんじゃないでしょうかとあるが、どういうことか。

1. ショッピングで必要なものを買ってもいい。

2. 何かいやなことがあってもいい。

3. むしゃくしゃした気分を抑えなくてもいい。

4. 必要のないものにお金を遣ってもいい。

問い　2　②それは何を指しているか。

1. お金のことで苦労している人が、無駄遣いをすること

2. お金のことで苦労している人が、無駄遣いをしないこと

3. お金で苦労しないお金持ちが、無駄遣いをすること

4. お金で苦労しないお金持ちが、無駄遣いをしないこと

問い　3　この文章で筆者が最も言いたいことは何か。

1. いやなことがあったら、買い物をして精神のバランスをとったほうがいい。

2. お金に振り回される人生にならないよう、お金の遣い過ぎに注意すべきだ。

3. お金を浪費するのは、お金より自分のほうが主役だと言いたい気持ちがあるか
　らだ。

4. お金を遣えば人間性が回復できるのだから、買い物にもっとエネルギーを注ぎ
　たい。

12章　読解・聴解にためになる表現

1. グラフや表などを表すことば

① ～率 ： 毎年交通事故による死亡率が下がっている。

② ～別 ： 国別に見ると、B国への輸出が非常に多い。

③ 減る ： 「学生数・生産量・体重」が減る。

④ 伸びる ： 「進学率・勢力・学力・身長」が伸びる。

⑤ 落ちる ： 最近子供の学力が落ちているそうだ。

⑥ 減少する ： 円高で、日本に留学する学生が減少するかもしれない。

⑦ 急増する ： 不景気で、失業者が急増している。

⑧ 倍増する ： 短期間に給料が倍増するなんてあり得ない。

⑨ 激減する ： ビルが出来て環境が変化したため、虫や鳥が激減した。

⑩ 横ばい ： わが社の売り上げは去年まではすごい勢いで伸びていたが、今年に入って

からは横ばいになっている。

⑪ ～に達する ： 昨年出来た美術館は、今月5日来場者数が1万人に達した。

⑫ ～を超える ： インターネットの利用者が70%を超えた。

⑬ 徐々に ： 進学率はあまり変化がなかったが、徐々に伸びて、今年初めて50%を超え

た。

⑭ 次第に ： 今は大好きでも大人になれば、次第に気持ちも変わるかもしれない。

⑮ ～% 弱 ： この商品をぜひ買いたいという人は、15%弱しかいなかった。

⑯ ～以上 ： 1992年頃から女性の喫煙率は10%以上になった。

⑰ ～未満 ： 1995年の男性の喫煙率は45%未満だった。

⑱　表・図・グラフ：アンケート調査の結果を表にまとめる。

⑲　肩を並べる：最初彼は頼りなかったが、今では先輩と肩を並べるくらいだ。

⑳　〜にとどまる：急増すると思われたが、反対意見は15%にとどまっている。

㉑　対象：高校生を対象に携帯電話についての調査を行った。

㉒　実施する：調査を実施するにあたって、注意すべきことを説明します。

㉓　〜位：金メダルをもらうというのは、1位になるということだ。

㉔　〜割：「いい」と答えた人が80%もいた。つまり8割が、賛成していたわけだ。

㉕　順位：今はクラスで最下位だけど、少しずつ順位を上げていきたい。

㉖　〜を占める：B国からの輸入量が50%を占めている。

㉗　過半数を占める：国産の化粧品を利用している人が過半数を占める。

㉘　〜に追いつく：B社の技術が、ようやくC社に追いついた。前はひどかったのに。

㉙　〜を追い越す：女性の喫煙率が男性を追い越すことはないだろう。

㉚　〜に次ぐ：田中さんは、小林さんに次ぐ実力を持っている。

㉛　群を抜く：携帯会社の中で、B社の人気は、群を抜いている。

㉜　右肩上がりに増える：あの国の輸出量は右肩上がりに増えている。

㉝　軒並み(に)：不景気で、商店街の売り上げは軒並み前年比5%減だ。

2. 位置を表す言葉

①　真ん中：50円玉は、真ん中に穴が開いているお金です。

②　右手⇔左手：左手に見えますのが、東京タワーです。

③　〜を通る：（地図を見ながら）バスはこの道を通って、学校に行きます。

④　傍ら：ホテルの傍らには小さな花屋があります。

⑤　商店街：商店街と言うのは、店がたくさん集まっている通りのことです。

⑥　斜め：50m歩くと、右斜めに入る道があります。そこを入ってください。

⑦　〜軒目：角から3軒目のラーメン屋がおいしいですよ。

⑧　この辺／この辺り：この辺には薬屋がないので、不便だ。

⑨　正面玄関：お客さんを1階の正面玄関まで迎えに行った。

⑩　裏口：泥棒は、裏口から入ったらしい。

⑪　端：彼女の部屋は、3階の右端です。

⑫　隅：引き出しの隅に、なくなったはずのイヤリングがあった。

⑬　向かい：郵便局の向かいにある本屋の1階で、3時に会いましょう。

⑭　はさむ：道をはさんで向かい側に、大きなビルができた。

⑮　真〜：「真上・真南・真東・真横・真向かい」にある。

⑯　〜部：南部では、オレンジが生産されている。「上部・西部・南東部」にある。

⑰　〜に位置している：青森県は本州の一番北に位置している。

⑱　〜に囲まれている：あそこは、木に囲まれた美しい公園だ。

⑲　〜に面している：この町は海に面していて、夏は海水浴客でにぎやかだ。

⑳　〜を接している：カリフォルニアとネバダは互いに接している。

㉑　頂上⇔ふもと：頂上というのは、山の一番高いところのことだ。

㉒　中心：町の中心には、有名な会社がある。

㉓　〜の周り：湖の周りには、たくさんホテルがある。

㉔　〜通り：この道は青山通りと言います。

3. 道案内（みちあんない）

① 前（まえ）⇔後（うし）ろ ： 学校の前に、バス停（てい）があります。

② ～階 ： 1階に受付（うけつけ）があります。

③ 地下一階（ちかいっかい） ： 地下一階は、よくＢ１と書いてあります。

④ 屋上（おくじょう） ： ビルの一番上（いちばんうえ）の部分（ぶぶん）で、外（そと）とつながっている所（ところ）を屋上（おくじょう）と言います。

⑤ まっすぐ ： この道をまっすぐ行くと、駅（えき）があります。

⑥ ～つ目 ： 三つ目（みつめ）の駅（えき）で降（お）りてください。

⑦ 角（かど） ： まっすぐ行って、二つ目（ふたつめ）の角（かど）に交番（こうばん）があります。

⑧ ～を曲がる ： 次（つぎ）の角（かど）を右（みぎ）に曲（ま）がって、まっすぐ行くと駅に着きます。

⑨ 左側（ひだりがわ）⇔右側（みぎがわ） ： まっすぐ行くと、図書館（としょかん）は右側（みぎがわ）にあります。

⑩ 交差点（こうさてん） ： 次の大きな交差点（こうさてん）で右に曲がってください。

⑪ 信号（しんごう） ： 信号（しんごう）の赤（あか）は止（と）まれ、青（あお）は渡（わた）れ、黄色（きいろ）は気をつけろという意味です。

⑫ 横断歩道（おうだんほどう） ： 左右を良く見て、横断歩道（おうだんほどう）を渡（わた）りましょう。

⑬ 向かい側（むかいがわ）/ 向こう側（むこうがわ） ： 道（みち）の向かい側（むかいがわ）で、田中さんが手を振（ふ）っていますよ。

⑭ 道を渡る（みちをわたる） ： 道を渡（わた）って向（む）かい側（がわ）にいる田中さんのところへ行く。

⑮ 道が分かれる ： まっすぐ行くと、道（みち）が二（ふた）つに分（わ）かれています。

⑯ 坂（さか） ： うちの大学の坂（さか）は急（きゅう）なので上（のぼ）るのが大変（たいへん）だ。

⑰ 橋を渡る（はしをわたる） ： 木の橋（はし）を渡（わた）ると、隣（となり）の町（まち）になる。

⑱ ～に沿って ： この川（かわ）に沿（そ）って、サイクリングコースが作られている。

⑲ 岬（みさき） ： 岬の灯台（とうだい）は、船が安全に航行（こうこう）できるように設置（せっち）された。

⑳ 右折する（うせつする） ： 右折（うせつ）するというのは、右（みぎ）に曲（ま）がることです。

㉑ 手前（てまえ）⇔先 ： ブレーキレバーを手前に引いてチェンブレーキを解除（かいじょ）してください。

㉒ 突き当たり（つきあたり） ： この道の突（つ）き当（あ）たりは、私達（わたしたち）の学校（がっこう）です。

㉓ 行き止まり（ゆきどまり） ： この先（さき）は、行（ゆ）き止（ど）まりだから、Uターンしないと。

4. 物の形と様子を表すことば

① 口が狭い⇔広い ： この花瓶は 口が狭いから、あまりたくさん花が入らない。

② 底 ： この花瓶は、底が薄くて軽いので、安定が悪くて倒れやすいね。

③ 厚い⇔薄い ： 紙の辞書は厚くて重い、電子辞書は薄くて軽いから便利だ。

④ 深い⇔浅い ： スープ用に深いなべがほしい。

⑤ 細い⇔太い ： 友人は、なぜかうどんもパスタも麺は細いのがすきだそうだ。

⑥ 分厚い ： 昔 の眼鏡はレンズが分厚くて、恥ずかしかったね。

⑦ 細長い ： 田中さんというのは、あの顔の細長い、馬みたいな顔のひとです。

⑧ ついている ： リボンがついているかばんだ。「ひも/ かざり/ 傷」がついている。

⑨ 穴が開いている ： ドーナツは、真ん中に穴が開いている食べ物だ。

⑩ へこんでいる ： 車をぶつけたので、前がへこんでしまった。

⑪ ふくらんでいる ： 荷物を入れ過ぎたから、かばんが、パンパンにふくらんでいる。

⑫ とがっている ： きつつきのくちばしはとがっている。

⑬ 曲がっている⇔まっすぐ ： あの猫のしっぽの先が曲がっているのがかわいいね。

⑭ ぎざぎざしている ： パン用のナイフの刃は、ぎざぎざしている。

⑮ 平たい ： 浅くて底の平たい皿を探しているんだけど、いいのがなかなかない。

⑯ でこぼこしている ： 山道はでこぼこしているので、車がよく揺れる。

⑰ 直線⇔曲線 ： 昨日の試合は、最後の直線コースが勝負の分かれ目になった。

⑱ やわらかい⇔かたい ： 焼きたてのパンはやわらかい。

⑲ ～製 ：「紙/ 布/ 革/ プラスチック/ 金属/ ガラス/ ゴム」製のもの。

⑳ ～状 ：「液/ 粉/ カプセル/ ゼリー」状 の薬を飲む。

㉑ 裏⇔表 ： 紙の裏表を間違えないでください。つるつるしている方が 表 です。

5. 外見を現すことば

① 背が高い⇔低い：ある程度背が高くないと、ファッションモデルにはなれないそうだ。

② 太っている⇔やせている：よく太っていると言われるが、平均的な体重だ。

③ 髪を伸ばす⇔切る：学生の頃、成人式に着物が着たいから、髪を伸ばしていた。

④ ひげがある/生える：あのあごにひげがある方が、この会社の社長です。

⑤ 着る⇔脱ぐ：昔は制服が着られる職業にあこがれる人が多かった。

⑥ かける⇔とる/はずす：眼鏡をかけている背の高い男でした。

⑦ する⇔とる/はずす：金の「ネックレス・時計・ベルト・アクセサリー」をしていました。

⑧ 長袖⇔半袖：暑い日なのに、長袖を着て帽子を深くかぶって変な人だと思ったんです。

⑨ 派手な⇔地味な：派手な生活をしている人で、いつも外車を運転していました。

⑩ 薄い⇔濃い：薄い黄色のTシャツに濃い緑のズボンをはいていました。

⑪ 無地⇔柄物：無地の洋服は合わせやすいから、柄物より好きだ。

⑫ ～柄：「花・細かい・古典・派手な・地味な」柄のシャツを着ていた。

⑬ 縞/ストライプ/横縞⇔縦縞：縞のシャツに合わせるネクタイはどんなのがいいだろう。

⑭ ～模様：「水玉・花・縞」模様のカーテンを買って、部屋につけた。

⑮ 生地：着物の生地にも、木綿（綿）、絹、化繊などいろいろな物がある。

⑯ ～風：「会社員・ＯＬ・学生」風の人が、最近いつもうろうろしていました。

問題 1 ┃ {　　　}の中の言葉を1回ずつ使って、必要なら形を変えて（　　　）に入れなさい。

A { 周り　　辺り　　斜め　　向かい　　真ん中 }

1. 肩から（　　）にかばんをかけた方が、両手が空いて動きやすい。

2. ベランダから（　　）のアパートの部屋が丸見えだ。

3. この写真の一番前の（　　）に座っているのが、山口さんです。

4. 丸いテーブルの（　　）にあるいすに、かけてください。

5. この（　　）は昔お墓だったので、時々おばけが出るそうだ。

B { へこむ　囲む　曲がる　通る　分かれる　はさむ　接する　とがる }

1. 私の国は、4カ国と国境を（　　）いる。

2. 20人だから、5人ずつに（　　）4つグループを作りましょう。

3. （　　）鉛筆じゃないと、複雑な漢字がきれいに書けない。

4. 日本は海に（　　）、魚を食べる習慣がある。

5. 落としてペットボトルが（　　）しまった。

6. 川を（　　）、東西に町が広がっている。

7. 明日のマラソンは、最後にこの道を（　　）、ゴールに向かう。

8. 電柱にぶつかって、自転車のハンドルが（　　）しまった。

C { 底　　角　　隅　　表　　穴 }

1. スプーンで、まぜなかったので、砂糖が（　　）の方にたまっている。

2. 50円玉は、真ん中に（　　）があいたお金です。

3. 部屋の（　　）にもほこりがあるから、きちんとそうじをしてね。

4. 弟は、机の（　　）に頭をぶつけて、けがをした。

5. コインを投げて（　　）が出たら、あなたがケーキをごちそうすること。

問題　2　　　　a〜dの中で正しいものを選びなさい。

1.　電車の中では、（　　）の席が好きな人が多いようだ。

　　a. かど　　　　b. さか　　　c. さき　　　　d. はし

2.　海岸線に（　　）木を植えて、風を防ぐ。

　　a. 曲がって　　　b. 渡って　　　c. 沿って　　　d. 分かれて

3.　まっすぐ行くと、（　　）にお手洗いがあります。

　　a. とおり　　　b. あたり　　　c. まわり　　　　d. つきあたり

4.　物を入れ過ぎたので、かばんのポケットが（　　）いて、格好が悪い。

　　a. ついて　　　b. めんして　　　c. ふくらんで　　　d. とがって

5.　夜は眠れなくなるから、（　　）おちゃは飲まない方がいいよ。

　　a. 狭い　　　b. 濃い　　　c. 深い　　　d. 細い

6.　山道は、（　　）していて、ゆれがひどいから、車に酔ってしまった。

　　a. ぎざぎざ　　　b. でこぼこ　　　c. つるつる　　　d. ぶかぶか

7.　町で20年ぶりに友人に会ったが、（　　）いて、最初はわからなかった。

　　a. ふとって　　　b. のびて　　　c. はえて　　　d. はずして

8.　花（　　）のシャツを着ている5歳のお子さんが迷子になっています。

　　a. がら　　　b. よこ　　　c. むじ　　　d. きじ

9.　彼は最近（　　）にひげを生やし始めた。

　　a. ひざ　　　b. ひじ　　　c. あご　　　d. つめ

10.　湖に（　　）いるホテルなので、涼しい風が部屋に入ってくる。

　　a. 位置して　　　b. 囲まれて　　　c. 通って　　　d. 面して

11.　途中でけがをしたので、帰りは（　　）に下りるまで5時間もかかった。

　　a. 頂上　　　b. ふもと　　　c. あたり　　　d. 向かい

12.　子供でも飲みやすいように、ゼリー（　　）の薬が開発された。

　　a. 部　　　b. 状　　　c. 製　　　d. 風

問題 3　{　　}の言葉を使って（　　）を言い換えなさい。

A　{ 減る　倍増する　激減する　横ばい　超える　徐々に }

1. ネットで読めるので、わざわざ新聞を買って、読む人が（少なくなっている
   →　　　　　　　　　　　　　　　　　　　）。

2. ビル建設による自然環境の変化で動植物の数が（急にたくさん減った
   →　　　　　　　　　　　　　　　　　　　）。

3. 今年は、全国の大学への進学率が51%（以上になった→　　　　　　　　）。

4. 先月から失業率は（上がらずに同じ→　　　　　　　　　　　）状態だ。

5. 新製品は、テレビ番組で紹介されたら売り上げが（2倍になった
   →　　　　　　　　　　　　　　　　　　）。

B　{ 実施する　占める　過半数　追い越す　右肩上がりだ }

1. 高校生200人に制服についてのアンケート調査を（行った→　　　　　）。

2. 外食の時、その材料がどこの産か気にする人が、67%（である→　　　　）。

3. 90年代まで、B社の生産量は、（ずっと増えていた→　　　　　　）。

4. 買い物の時、ポイントをためていると答えた人は（51%以上→　　　　　）。

5. 5年前の調査で、3位だったお茶が、今年は2位の紅茶（より多くなった
   →　　　　　　　　）。

13章　接続の表現

1.「だから」と「しかし」

◆ 「2개의 사항을, 이유・원인→결과」로 자연스럽게 논리적으로 연결.

① だから：楽しかった。だから、行きたい。

② というのは：山田さんが忘れ物をした。というのは、急いでいたからだ。

③ そこで：サイレンが聞こえた。そこで、車を止めて、パトカーが過ぎるのを待った。

④ それで：娘は私にうそをついた。それで、私は娘を怒ったんです。

⑤ こうして：反対していた村の人々がダムの建設に最後は賛成し、国に土地を売って、引っ越していった。こうして、2年後には山奥にダムが出来上がった。

⑥ 従って：新しいルールができた。従って、古いやり方を変える必要があった。

◆ 「2개의 사항이, 이유・원인・조건에서 생각되는 것과, 반대의 결과를 나타냄」

① しかし：昨日はひどい雨だった。しかし、デパートの客は大勢いた。

② ところが：昨日はひどい雨だった。ところが、姉は出かけていった。（話し手には「出かけないと思っていたのに」という気持ちがある）。

③ それにしては：田中さんはここに3年住んでいるが、それにしては、この近くの店などあまり知らない。

④ だからといって：トイレットペーパが安かったって？　だからといって、1年分も買って帰ることはないでしょ。

⑤ それでも：暑くてクーラーを強にした。それでも、まだ暑い。

2.「しかし」と「ところが」の違い

「ところが」의 뒷 문장에는 「〜たい」「〜つもり」와 의문의 「どのくらい」, **추량의**
「だろう」등은 올 수 없다.

　　　：あの店は高いかもしれない。しかし、あそこで買いたい。　　　○

　　　：あの店は高いかもしれない。ところが、あそこで買いたい。　　　×

　　　：この新製品は高い。しかし、どのぐらい売れるだろうか。　　　○

　　　：この新製品は高い。ところが、どのくらい売れるだろうか。　　　×

3.「つまり」と「もっとも」

1)「하나의 사항에 관해, 바꾸어 말하거나, 예를 들어 자세히 설명.」

①　つまり　：国へ帰りたいということは、つまり、今の仕事を辞めるわけですね。

　　　　　　：長々と話しているけど、つまり、何が言いたいのかね。

②　いわば　：新聞はいわば社会の動きを写し出す鏡である。

　　　　　　：卒業証書はいわば社会へのパスポートのようなものだ。

③　要するに：歌も下手、声も悪い、しかもリズム感もない。**要するに**、音楽の才能が

　　　　　　　ないということだ。

　　　　　　「それにはずいぶん費用もかかるし、人手も足りないし、…。」

　　　　　　「要するにあなたはこの案に反対なんですね。」

④　すなわち：多数決で決める。**すなわち**、それが民主主義というものだ。

　　　　　　：彼はこの春20歳になった。**すなわち成人に達した**ということだ。

2)「하나의 사항에 관해, 첨가하거나, 관련사항을 나중에 설명.」

①　もっとも：売り上げが社員でトップだった。もっとも、1ヵ月だけだった。

　　　　　　：山を歩くのは何とも壮快ですね。もっとも天候にもよりますけど……

② ただ ： 古いですが、修理できますよ。ただ、1ヵ月はかかりますよ。

　　　　 ： なかなかいい品物ですが、ただ、値段が問題ですね。

③ ただし ： ビール、飲み放題です。ただし、6時まで入店の方だけです。

　　　　　 ： 外出は自由である。ただし、十時までに帰ること。

4.「さらに」と「また」

1)「동일한 사항 설명에 동일한 가치의 것을 , 더욱 추가 할 때 사용.」

　① さらに ： 店のサービス期間中は安くなる。さらに、ポイントも2倍つく。

　　　　　　 ： 大学を卒業してから、さらに大学院に進んで研究を続ける人もいる。

　② しかも ： 試験問題は難しく、しかも数が多い。

　　　　　　 ： あの店の料理はとてもおいしい。しかも安くて量もたっぷりだ。

　③ その上 ： このカレンダー、色がきれいね。その上、日にちが見やすい。

　　　　　　 ： 祖父は最近耳が遠くなった。その上足も弱ってきた。

2)「어떤 화제에 관해, 2개 이상의 다른 것을 열거 할 때 사용.」

　① また ： 納豆は安いし、また、栄養もある。

　　　　　 ： 詳しく作り方を教えていただき、また材料も分けていただきました。

5.「むしろ」と「それはそうと」

「하나의 화제에 관해, 2개 이상의 사항에서 보다 적절한 표현을 골라 설명할 때 사용.
선택을 나타내는 역할.」

　① むしろ ： 企業は営業活動より、むしろ、信用回復に重点をおくべきだ。

　　　　　　 ： この天候では、先へ進むよりむしろ引き返すべきだ。

　② あるいは ： メール、あるいは、ファックスでお知らせください。

　　　　　　　 ： 勝つか、あるいは負けるかは、やってみなければわからない。

③ それとも：コーヒーがいいですか、それとも、お茶ですか。

　　　　　　：大学に行こうか、それとも就職しようかと今迷っています。

④ または：マンションを買うか、または、借りるか決めかねている。

　　　　　：二つまたは三つの漢字を組み合わせて、熟語を作る。

6.「あるいは」「それとも」「または」の違い

① 「A도 B도、(둘 다 OK)의 의미일때,「あるいは」「または」를 사용.
「それとも」는 사용 안 함.
　　　：新宿、あるいは、渋谷でも買えます。　　　　　　　　○
　　　：新宿、または、渋谷でも買えます。　　　　　　　　○
　　　：新宿、それとも、渋谷で買えます。　　　　　　　　×

② 「A인지B인지、(어느 쪽인가 하나를 선택) ～」할 때는, 전부 사용가능.
　　：車で行くか、あるいは、電車で行くか早く決めたほうがいい。　　○
　　：車で行くか、または、電車で行くか早く決めたほうがいい。　　○
　　：車で行くか、それとも、電車で行くか早く決めたほうがいい。　　○

③ 「それとも」를 쓸 수 있는 포인트는, 의문형「～か」가 있어야 함.
　　：出席するか、それとも、欠席するか返事をしなければならない。

7.「それはそうと」「ところで」「さて」

「 전환. 화제를 완전히 바꿀 때 사용. 」
① それはそうと：今年は水不足だといわれていますが、大変ですね。それはそうと、
　　　　　　　　夏休みの計画を立てましたか。

② ところで：寒くなりましたね。ところで、お父さんはお元気ですか。

③ さて：(ニュースで) 以上が今日のスポーツでした。さて、次は明日の天気予報です。

＜プラス１字＞

1. ～者・～家・～師・～士・～員・～業

～者 ： 医者・担当者・記者・消費者・学者・科学者・研究者・生産者

～家 ： 小説家・専門家・政治家・画家・作家・音楽家・写真家

～師 ： 教師・看護師・医師・美容師・講師・調理師・理容師・薬剤師

～士 ： 会計士・弁護士・保育士・栄養士・消防士

～員 ： 会社員・委員・店員・駅員・銀行員・行員・議員・職員・役員

～業 ： 工業・農業・製造業・林業・水産業・商業・建築業・サービス業

～代 ： ガス代・バス代・タクシー代・本代

～料 ： 保険料・授業料・原稿料・手数料

～費 ： 食費・旅費・生活費・人件費

～品 ： 化粧品・事務用品・日用品・製品・食料品

～機 ： 自動販売機・券売機

～器 ： 楽器・計量器

2. ～的・～化・～性・～力・～中

～的 ： 一般的・計画的・国際的・経済的・機械的・友好的・技術的・健康的・伝統的・
法律的・日本的・歴史的

～化 ： 映画化・問題化・自由化・強化・無料化・ハイテク化・機械化・温暖化・高齢化・
少子化・砂漠化

～性 ： 危険性・可能性・事件性・夜行性・人間性・安全性・習慣性・話題性・生産性

～力 ： 日本語力・想像力・生命力・行動力・集中力・指導力

～中 ： 世界中・一日中・仕事中・電話中・営業中・出張中・休憩中

3. 不〜・無〜・未〜・非〜・再〜・最〜

不〜　：　不自然・不自由・不十分・不定期

無〜　：　無関係・無関心・無理解・無免許

未〜　：　未使用・未開発・未発表・未発達・未成年

非〜　：　非常識・非公式

再〜　：　再利用・再出発・再開発

最〜　：　最高・最悪・最新・最大

問題 1 ｜ ｛　　｝の中から適当な言葉を選んで、（　　）に入れなさい。

　　　　｛ しかし　　こうして　　要するに　　　ただ　　　しかも　　　さて ｝

1. 会議室の予約ができました。（　　　）窓がない部屋なので、暗いですが。

2. セール期間中は全品３割引、（　　　）ポイントが３倍になります。

3. 毎晩１時まで勉強したらしい。（　　　）いい点は取れなかったようだ。

4. 毎日朝から閉館になるまで、図書館に通って、古い資料を探した。（　　）今まで
　　知られていなかった資料が発見されることになった。

5. この辺は静かでいいですねえ。（　　　）雨も上がったし、そろそろ出ましょうか。

6. A：全員でお金を出し合ってお礼するって言うけど、お礼は感謝の気持ちが大切だ
　　　　から、物をあげるのはどうかと思うけど。
　　B：（　　）、お金を出したくないのね。

問題 2 ｜ ｛　　｝の中から適当な言葉を選んで、（　　）に入れなさい。

　　｛ そこで　従って　その上　むしろ　それとも　あるいは　さて　それはそうと ｝

1. バスに乗り遅れ、（　　）、道を間違えて遅くなってしまった。

2. A：昨日見た映画、よかったよ。
　　A．B：ふーん、そう。（　　　）貸したお金、いつ返してくれる？

3. 乗り換えの電車が分からなくて困っている人がいた。（　　）私は５番線のプラッ
　　トホームまで連れて行ってあげたわけです。

4. 今年の試験の平均点がよかったのは、試験がやさしかったというより、（　　）今
　　年の学生が優秀だと言えるのではないでしょうか。

5. エンジンがかかるか、（　　）かからないか、試してみよう。

6. 中学生は家庭（　　）学校の許可を必要です。

7. 今年の冬は雪が多かった。（　　）夏に水が不足することはないと考えられる。

8. 以上でイベントの説明は終わります。（　　）次は担当者の決定に移ります。

問題 3 　　　a ～ dの中で正しいものを選びなさい。

1. 一人暮らしを始めて、食生活にも気を（　　）ようになった。

   ⓐ 許す　　ⓑ 済ませる　　ⓒ 利かす　　ⓓ 配る

2. 心配事があると、気に（　　）、仕事に集中できない。

   ⓐ 入って　　ⓑ なって　　ⓒ 障って　　ⓓ 配って

3. 彼は思っていることは、言わなければ気が（　　）ようだ。

   ⓐ 進まない　　ⓑ 済まない　　ⓒ 向かない　　ⓓ くわない

4. 気を（　　）のが間違いだった。

   ⓐ 通した　　ⓑ 抜いた　　ⓒ 許した　　ⓓ つかった

5. このコンビニーのおにぎり、いつもと違う味のような気がするけど、（　　）かな。

   ⓐ 気の毒　　ⓑ 気のせい　　ⓒ 気まずい　　ⓓ 気が早い

6. 業績不振のため、リストラされるんじゃないかと、彼は（　　）らしい。

   ⓐ 気に食わない　　ⓑ 気に障る　　ⓒ 気の毒　　ⓓ 気が気でない

7. このぐらいの間違いは（　　）ほしいものだ。

   ⓐ 気を許して　　ⓑ 気に掛けて　　ⓒ 目を盗んで　　ⓓ 大目に見て

8. 彼女の家は、赤い屋根が（　　）から、すぐ分かるよ。

   ⓐ 目を疑う　　ⓑ 目に付く　　ⓒ 目もくれない　　ⓓ 目に浮かぶ

9. 死んだと聞いていたおじさんが、突然目の前に現れたので（　　）。

   ⓐ 頭に来た　　ⓑ 目を疑った　　ⓒ 首を長くした　　ⓓ 気が済んだ

10. このアパートは新しいのに、いろいろ問題がある。工事の人が（　　）のだろうか。

   ⓐ 手を抜いた　　ⓑ 手を離した　　ⓒ 気が散った　　ⓓ 気に障った

11. 彼は口が（　　）から、秘密は守ると思うよ。

　　ⓐ　重い　ⓑ　堅い　　ⓒ　うまい　　ⓓ　強い

12. 店の前に自転車を止められるのは、（　　）だ。やめてほしい。

　　ⓐ　時間の問題　　ⓑ　話にならない　　ⓒ　いい迷惑　　ⓓ　話がわからん

13. こんな難しい仕事、（　　）入った新入社員ではとてもできないだろう。

　　ⓐ　昨日や今日　　ⓑ　朝飯前　　ⓒ　昨日の今日　　ⓓ　今の今まで

14. 井上、新しい会社との大きな契約を取ってきて、（　　）なあ。

　　ⓐ　男を下げた　ⓑ　甘く見たて　ⓒ　右に出る者がいない　ⓓ　男を上げた

15. 台風を（　　）、サーファーたちは沖にでたが、戻れなくなった。

　　ⓐ　甘く見て　ⓑ　馬鹿にできない　ⓒ　笑いが止まらない　ⓓ　話にならない

解 答

1章　日常生活の中のことば

1. 日常生活　＜ 朝・洗濯・掃除・夜・着脱 ＞

問題　下の語群から適した言葉を選んで必要な場合は形を変えカッコに入れ、文を完成させなさい。

1. とら　　2. 覚まさ　　3. かたづける　　4. 下げる　　5. とれ　　6. 剥い

7. つける　　8. 衣替え　　9. 羽織る　　10. あがっ　　11. 解い　　12. はい

13. はめ　　14. かけ　　15. かぶっ

2. 日常生活　＜ 電車・道路・旅行・出かける・トラブル ＞

問題　下の語群から適した言葉を選んで必要な場合は形を変えカッコに入れ、文を完成させなさい

1. つかまっ　　2. 焼け　　3. 遭っ　　4. 問い合わせ　　5. かかる

6. まちがえ　　7. 渋滞する　　8. しばれ　　9. 含まれ　　10. 飽き

3. 日常生活　＜ 天気・料理 ＞

問題　下の語群から適した言葉を選んでカッコに入れ、文を完成させなさい。

1. 日和　　2. 春先　　3. 雨宿り　　4. 吹雪　　5. 炎暑　　6. 焼く

7. 煮る　　8. 煮込む　　9. あぶっ　　10. おろす　　11. とる　　12. 戻す

13. 千切り　　14. すりつぶす　　15. いためる

5. 日常生活　＜　けが・病気・体の調子・検査・病院　＞

問題　下の語群から適した言葉を選んで必要な場合は形を変えカッコに入れ、文を完成させなさい。

1. 手当て　　2. 拾お　　3. いい　　4. 言っ　　5. 上がる

6. 持た　　7. 怪我し　　8. 捻挫　　9. やけど　　10. かむ

11. 悪く　　12. くしゃみ　　13. 目まい　　14. 腫れる　　15. 打って

10. 日常生活　＜　容貌・性格・感情・心理1・2・3　＞

問題1　下の語群から適した言葉を選んで必要な場合は形を変えカッコに入れ、文を完成させなさい。

1. すらり　　2. よそよそしい　　3. がっしり　　4. 猫背

5. こけて　　6. ざっくばらん　　7. 和む　　8. おしつけがましい

9. 自信に満ちて　　10. せかせかしている　　11. はぐれ　　12. 引き出せる

13. かばっ　　14. 平社員　　15. はじけ

問題2　下の語群から適した言葉を選んで必要な場合は形を変えカッコに入れ、文を完成させなさい。

1. わくわく　　2. 和ん　　3. うんざり　　4. 気分が悪かっ　　5. 恨ん

6. 腹を立て　　7. 惚れ　　8. 気がある　　9. 憧れた　　10. ほっと

11. かま　　12. 無事に　　13. 焼い　　14. がっかりし　　15. 惜しい

問題3　次の文のカッコに適した言葉を下の語群から選んで入れなさい。

1. 気が滅入る　　2. みっともない　　3. 見苦しい　　4. ご親切の数々

5. 感激に　　6. 戸惑う　　7. 照れます　　8. 気の置けない

9. 我を忘れて　　10. 惑わせ

問題4　次の文のカッコに適した言葉を下の語群から選んで入れなさい。

1. 気が済んだ　　2. 気が散る　　3. 心を馳せる　　4. 気に障る　　5. 人騒がせ

6. 心が弾みます　　7. 心に留めて　　8. 買った　　9. 腹を抱えて　　10. 張り合い

2章　いろいろな使い方のある動詞

問題1　{　　}の中から適当な言葉を選んで形を変えて（　　）に入れなさい。

1．点い　　　2．上げ　　　3．かける　　　4．効く　　　5．空けて

問題2　{　　}の中から適当な言葉を選んで（　　）に入れなさい。

1．鍵　　　2．全力　　　3．時間　　　4．薬　　　5．夜

問題3　{　　}の中から適当な言葉を選んで形を考えて（　　）に入れなさい。

1．当たっ　　2．割る　　3．あふれる　　4．招いた　　5．破る
6．乗っ　　7．取った　　8．引か　　9．引き返す　　10．持ち返した

3章　動作の表現

問題　（　　）の中の形容詞を、正しい形の動詞に変えなさい。

1．広まり　　　2．強まった　　3．弱めて　　　4．早まる　　　5．速まった
6．固めた　　　7．薄まる　　　8．薄めて　　　9．高める　　　10．高まった
11．丸まって　　12．丸めて　　13．深める　　14．深まった　　15．温めて
16．暖める　　17．固まって　　18．遠ざける　　19．悲しむ　　20．惜しんだ
21．親しんで　22．楽しんで　23．怪しんで　24．苦しんで　25．涼んで
26．悔やんで　27．好んで　　28．微笑んだ　29．緩んだ　　30．弱った

4章　注意すべき基本動詞用法

問題　〔　〕に、「で」「に」「を」「が」を、（　　）に「ある」「する」「できる」を適当な形
にして入れなさい。

1．が　　2．して　　3．できた　　4．できた　　5．が　　6．した　　7．を

8. し　　9. し　　10. が　　　11. ある　　12. に　　13. できた　　14. で

15. を　　16. して　　17. を　　　18. する　　19. を　　20. した

5章　自動詞・他動詞

問題　（　）の中の正しい方を選びなさい。

1. 開いて　　2. つけた　　3. 汚れて　　4. こぼして　　5. 壊れて

6. 閉まります　7. 消えて　　8. 出て　　9. 入って　　10. ぬれて

11. 届いた　12. 分ける　13. 下げた　14. 流して　15. して

16. 治して　17. 回して　18. 助かった　19. 育った　20. 冷やし

21. 届けて　22. 残して　23. 治す　24. 育って　25. 助かっ

26. 止まっ　27. 回す　28. 上がる　29. 変わり　30. 分かれ

31. 広げ　32. 倒し　33. 当たっ　34. あて　35. 浮かべ

36. 映る　37. 写す　38. 教わっ　39. 終え　40. 重なっ

41. 加わっ　42. 転がっ　43. そろっ　44. そろえ　45. 捕まえ

46. 捕まえ　47. 伝わっ　48. 伝える　49. つながっ　50. つまっ

51. 通し　52. 飛ばして　53. 無くした　54. 亡くし　55. まとめ

56. 現し　57. 折れ　58. 折る　59. 隠す　60. 切る

61. こげ　62. 覚まさ　63. 冷め　64. 冷まし　65. つぶれ

66. つぶさ　67. 解ける　68. 溶かす　69. 解けた　70. 解いた

71. 解いた　72. 取れ　73. お取り　74. 煮えて　75. 煮た

76. 逃げた　77. 逃がし　78. 濡れ　79. 濡らし　80. 伸び

81. 外れる　82. 外し　83. 外し　84. 割れ　85. 割っ

6章　複合動詞
（ふくごうどうし）

問題　（　）の中の正しい方を選びなさい。

1. 終えた　　2. 続けた　　3. 出した　　4. やまない　　5. 始めた

6. 回った　　7. 過ぎて　　8. 込んで　　9. 直した　　10. かけた

11. 切れ　　12. 合える　　13. 組んだ　　14. かねて　　15. 返して

7章　ビジネスでの言葉遣い・読解

問題1　次の（　　）の中の表現を敬語に直しなさい。

1. いらっしゃいますか　　　　　　2. どちらにお住まいですか
3. いらっしゃいますか
4. いらっしゃいました　お迎えください
5. 召し上がってください　ご自由に召し上がってください
6. ご注文は何になさいますか　　　7. ご家族もご心配なさっている
8. ご覧になりましたか　　　　　　9. おっしゃる
10. ご存知ですか　　　　　　　　11. くださったんです
12. お休みになっている　　　　　13. お求めになれます
14. お召しになっていましたね　　15. お聞きになりましたか
16. 申し込まれましたか
17. こちらに、お名前、ご住所、お電話番号をお書きください
18. お嫌いだから　　　　　　　　19. よろしかったら、今度お食事でもいかがですか
20. ご都合はいかがですか
21. 柔道もされるんですね　多趣味でいらっしゃいますね
22. 旅行に行かれる　　　　　　　23. いつもお忙しそうですね
24. お嬢さんに何かお好きな物を　　25. ご利用になれます。

問題2　次の（　　）の中の表現を敬語に直しなさい。

1. おりますので…　お電話します　　2. 住んでおります
3. こちら　参ります
4. 伺えばよろしいでしょうか　お待ちしております
5. お伺いしたいんですが　　　　　6. 持ってまいりました
7. いただきました　　　　　　　8. 送っていただいた
9. 申します　　　　　　　　　10. 拝見しましたが
11. 存じています　　　　　　　12. 差し上げます
13 今度お目にかかる日を楽しみにしております
14. お持ちいたします　　　　　　15. ご報告いたします

16. 私にさせてください　　　17. 食べさせてください

18. 早退（そうたい）させてください　　　19. 説明（せつめい）させていただきます

20. 使わせていただきます

<読解>　1)　問い1　(2)　　問い2　(4)

　　　　2)　問い1　(3)

8章　擬態語・読解

〈読解〉　問い1　(2)　　問い2　(3)

9章　副詞いろいろ・読解

問題　（　　）の中の正しい方を選びなさい。

1. たまたま　　2. つい　　3. あいにく　　4. 早速　　5. ふと

6. 思わず　　7. むしろ　　8. よけい　　9. せめて　　10. せいぜい

11. わざわざ　12. とうとう　13. ようやく　14. とっくに　15. 一段と

〈読解〉　問い1　(1)　　問い2　(2)　　問い3　(3)

10章　意味が似ている副詞的/形容詞的表現・読解

問題　（　　）の中の正しい方を選びなさい。

1. 何でも　　2. 何分　3. 何とか　　4. 何も　　5. 何と言っても

6. 何と言っても　7. 何とか　8. 何で　　9. 何とも　10. 何も

〈読解〉　1)　問い1　(1)　　問い2　(1)　　問い3　(2)

　　　　2)　問い1　(2)　　問い2　(3)　　問い3　(1)　　問い4　(2)

　　　　3)　問い　(3)

　　　　4)　問い1　(3)　　問い2　(4)

11章　慣用表現・読解

問題1　1. 手　　2. 目　　3. 頭　　4. 口　　　5. 足　6. 腹

問題2　1. 盗み　　2. 滑り　　3. 離せ　　4. 並べる　　5. 上がら

問題3　1. 早い　　2. 痛い　　3. 大きい　　4. 重い　　5. 広い　　6. 高い　　7. 軽い

問題4　1. 進ま　　2. 済む　　3. 回ら　　4. し　　5. 来る

問題5　1. 足が棒になった　　2. 気が向いたら　　3. 目を丸くした　　4. 口に合わない

5. 首を長くして

問題6　（　　　）の中の正しい方を選びなさい。

　1．心を打つ　　2. 気まずい　　3. 短い　　4. 気のせい　　5. 見て

　6. 利かない　　7. 気が気でない　8. 切り替える　　9. 鼻が高い　　10. 鼻で笑ったり

11. 口をはさむ　12. 耳に入れ　　13. 肩をがっくり落として　　14. 手に負える

15. さば読んで

〈読解〉　**問い1**　（4）　　**問い2**　（1）　　**問い3**　（3）

12章　読解・聴解にためになる表現

問題1　{　　}の中の言葉を1回ずつ使って、必要なら形を変えて（　　）に入れなさい。

A　1. 斜め　　2. 向かい　　3. 真ん中　　4. 周り　　5. 辺り

B　1. 接して　　2. 分かれて　　3. とがっている　　4. 囲まれ　　5. へこんで

　　6. はさみ　　7. 通り　　8. 曲がって

C　1. 底　　2. 穴　　3. 隅　　4. 角　　5. 表

問題2　a〜dの中で正しいものを選びなさい。

1. d　　2. c　　3. d　　4. c　　5. b　　6. b

7. a　　8. a　　9. c　　10. d　　11. b　　12. b

問題3　｛　　｝の言葉を使って（　　）を言い換えなさい。

A　1. 減っている　2. 激減した　　3. を超えた　　　4. 横ばい　　　　5. 倍増した

B　1. 実施した　　2. を占める　　3. 右肩上がりだ　4. 過半数である　5. を追い越した

13章　接続の表現

問題1　｛　　｝の中から適当な言葉を選んで、（　　）に入れなさい。

1. ただ　　2. しかも　　3. しかし　　4. こうして　　5. さて　　6. 要するに

問題2　｛　　｝の中から適当な言葉を選んで、（　　）に入れなさい。

1. その上　　2. それはそうと　　3. それで　4 むしろ　　5. それとも　　6. あるいは

7. 従って　　8. さて

問題3　a 〜 dの中で正しいものを選びなさい。

1. ⓓ　　　2. ⓑ　　　3. ⓑ　　4. ⓒ　　　5. ⓑ　　　6. ⓓ　　　7. ⓓ　　　8. ⓑ

9. ⓑ　　10. ⓐ　　11. ⓑ　　12. ⓒ　　13. ⓒ　　14. ⓓ　　15. ⓐ

시험안내

시험과목

N 1 ： 言語知識（文字・語彙・文法）・読解＜110分＞　　聴解＜60分＞

N 2 ： **言語知識（文字・語彙・文法）・読解＜105分＞　聴解＜50分＞**

N 3 ： 言語知識（文字・語彙）＜30分＞　言語知識（文法）・読解＜70分＞　聴解＜40＞

시험 문제의 구성

文字・語彙：漢字読み・表記・語構成・文脈規定・言い換え類義・用法

文法：文の文法1（文法形式の判断）・文の文法2（文の組み立て）・文章の文法

読解：内容理解（短文）・内容理解（中文）・内容理解（長文）・総合理解・主張理解（長文）・

情報検索

聴解：課題理解・ポイント理解・概要理解・即時応答・総合理解

N2　言語知識（文字・語彙）1　　{**漢字読み**}

___の言葉の読み方として最もよいものを、1・2・3・4から一つ選びなさい。

この黒い<u>種</u>からどんな花が咲くのだろうか。

1．だね　　　　　2．たね　　　　　3．じゅ　　　　　4．しゅ

N2　言語知識（文字・語彙）2　　{**表記**}

___の言葉を漢字で書くとき、最もよいものを1・2・3・4から一つ選びなさい。

今日は、ごみの<u>しゅうしゅう</u>日ですか。

1．拾集　　　　　2．修集　　　　　3．取集　　　　　4．収集

N2　言語知識（文字・語彙）3　　{語構成}

（　　）に入れるのに最もよいものを、1・2・3・4から一つ選びなさい。

> あの映画の最後は（　　）場面として知られている。

1. 名　　　　　　　2. 高　　　　　　　3. 良　　　　　　4. 真

N2　言語知識（文字・語彙）4　　{文脈規定}

（　　）に入れるのに最もよいものを、1・2・3・4から一つ選びなさい。

> 日本人の平均（　　）は、男性が79歳、女性が86歳である。

1. 生命　　　　　　2. 寿命　　　　　　3. 人生　　　　　4. 一生

N2　言語知識（文字・語彙）5　　{言い換え類義}

（　　）の言葉に意味が最も近いものを、1・2・3・4から一つ選びなさい。

> 田中さんは単なる友人です。

1. 大切な　　　　2. 一生の　　　　3. ただの　　　　4. 唯一の

N2　言語知識（文字・語彙）6　　{用法}

次の言葉の使い方として最もよいものを、1・2・3・4から一つ選びなさい。

> 余計

1. 一人暮らしだと野菜がすぐ余計になってしまう。

2. 話が複雑になるから、余計なことは言わないで。

3. 余計があったら、ひとつ貸してもらえませんか。

4. このごろ仕事が忙しくて、遊びに行く余計がない。

N２　言語知識（文法）１　〔文の文法１（文法形式の判断）〕

次の文の（　　）に入れるのに最もよいものを、1・2・3・4から一つ選びなさい。

> 最終のバスに間に合わなくて困っていた（　　）、運よくタクシーが通りかかり、
> 無事帰宅できた。

1. あげくに　　　　　2. ために　　　　　3. とたんに　　　　4. ところに

N２　言語知識（文法）２　〔文の文法　２（文の組み立て）〕

次の文の＿★＿に入る最もよいものを、1・2・3・4から一つ選びなさい。

> 田中選手が今シーズン＿＿＿　★　＿＿＿　＿＿＿のニュースを見て驚いた。

1. 彼の怪我　　　2. 活躍するのを　　　3. 楽しみに待っていた　　　4．だけに

N２　言語知識（文法）３　〔文章の文法〕

次の文章を読んで、文章全体の内容を考えて、（　　　）の中に入る最もよいものを、
1・2・3・4から一つ選びなさい。

> 　街にはおもちゃがあふれています。贈り物におもちゃを買おうと思っても、おも
> ちゃ屋に並ぶ多種多様なおもちゃの前でどれを選んだらいいか迷ってしまったと
> いう方もいるかもしれません。
> 　そこで、ある団体が、おもちゃを選ぶ時の参考にしてもらおうと、毎年、数ある
> おもちゃの中から優良なおもちゃ、「グッド・トイ」を選定しています。お店で
> 見てすぐにわかるように、選定されたグッド・トイにはグッド・トイマークがつけ
> られていますので、おもちゃを買うときにも参考になります。グッド・トイとは、
> 「遊び力」を引き出してくれるものだそうです。「遊び力」というのは、見る力、
> 聞く力、感じる力、コミュニケーション力、夢見る力、人が生きていくのに必要な
> 力のことです。

　グッド・トイの選考では、まず推薦されたおもちゃをいろいろな年代の人に実際に選んでみてもらい、専門家が遊ばれ方を見て評価します。その後も様々な視点から何度も検討を重ねてグッド・トイは選定されています。

　おもちゃというと、ただ子どもが選ぶためだけのものだと（　　　　）。塾や参考書は熱心に選んでも、おもちゃを真剣に選ぶという方はあまり多くないのではないでしょうか。しかし、おもちゃには大きな力を持つものがあります。次におもちゃを選ぶ時は、グッド・トイのように、生きる力を引き出してくれるものを探してみてはいかがでしょうか。

1．考えられつつあります

2．考えられがちです

3．考えられてはいけません

4．考えられなければいけません

N2　読解1　{内容理解（短文）}

次の文章を読んで、後の問いに対する答えとして、最もよいものを、1・2・3・4から一つ選びなさい。

　（前略）「仕事ができる人」と「できない人」のいちばんの違いは何だろうか。私がいろいろな仕事で接してきた「できる人」に共通している特徴は、「自分の能力特性の分析」がうまいということだ。

　まず、自分は何が得意で、何が不得意なのかを分かっている。もちろんオールマイティにあらゆる仕事をこなすエリートもいるのだろうが、たいていの人は、「仕事の得手、不得手」を持っている。そのうえで、「得意な仕事」を積極的にこなし、「不得手な仕事」からは上手に逃げている人が、実は「仕事ができる人」と評価されるのだ。

（和田秀樹「頭をよくする　ちょっとした「習慣術」による」

注1　オールマイティ：どんなことも完全にできること

注2　こなす：処理する

この筆者から見た「仕事ができる人」の特徴はどんなことか。

1. 自分に向いている仕事は一生懸命にやり、向いていない仕事からはうまく避けること
2. 自分の能力特性を高めるための努力をいつも忘れず、何にでも積極的に取り組むこと
3. オールマイテイに仕事をしている人のやり方を見習い、不得手なことを克服すること
4. 始めに仕事が自分の能力に合っているかを分析し、あらゆる仕事を上手にこなすこと

N2　読解2　｛内容理解（中文）｝

次の文章を読んで、後の問いに対する答えとして、最もよいものを、1・2・3・4から一つ選びなさい。

下の文書は、企業のあり方についての本を出版した人が、その本の内容を紹介したものである。

> 　最近、企業の不祥事が相次いでいますが、問題を起こす企業には共通点があると思います。それは「社員を大切にしていない」ということです。「社員を大切にする」とは、給料が高いとか、福利厚生を充実させるということではなく、仕事を通じて成長できるとか、仲間と協力して物事を成し遂げる達成感が感じられるといったことです。問題のある企業はこれらをないがしろにし、利益だけしか見ていないのです。
>
> 　ただ、ここ数年、社員を大切にしながらも業績を上げている企業が増えています。「社員を大切にするなどと甘いことを言っていたら、経営は成り立たない」と言われる中で、なぜそれが可能なのか。その条件を探ることが、本書の執筆理由です。
>
> 　そこで一つ明らかになったのは、通常とは異なるリーダーの姿です。多くの場合、非常に優れたリーダーがいて、社員はただ従っていれば業績が良くなるということが想定されますが、社員を大切にしながら業績を上げる企業のリーダーはそうではなく、社員を主役にするのです。私はこれをスポンサーシップと名付けましたが、そこでは社員がどんどん力をつけ、育っていきます。

（柴田昌治「リーダーシップからスポンサーシップへ」「フオーブス」2007年9月号による）

注1　不祥事：社会に迷惑をかけるような失敗や間違い
注2　福利厚生：企業が従業員やその家族のためになるように作った制度や施設
注3　ないがしろ：軽く考えること
注4　業績：仕事の成果や実績

問い　筆者がここで重視している「企業の優れたリーダー」とは、どのようなリーダーか。

1.　強い指導力で社員を引っぱり、どんどん業績を上げることのできるリーダー

2.　社員に高い給料を払い、福利厚生を充実させることを第一に考えるリーダー

3.　社員の自主性を尊重し、社員が働きながら伸びていけるようにするリーダー

4.　教育に十分時間をかけ、社員が成長してから働いてもらおうとするリーダー

N2　読解3　〔　**統合理解**　〕

次の文章は、「相談者」からの相談と、それに対するAとBからの回答である。三つの文章を読んで、

後の問いに対する答えとして、最もよいものを1・2・3・4から一つ選びなさい。

相談者：

　私の彼のことで相談したいことがあります。彼は私の誕生日などによくセーターやアクセサリーをプレゼントしてくれるのですが、いつも私の好みではないものを贈ってくれるのです。私はどちらかというと単色ではっきりした色のシャープなデザインのものが好みなのですが、彼からのプレゼントはいつも淡い色を多く使った、女の子らしいかわいいデザインのものが多いのです。

　彼のことはとても好きだし、一生懸命選んでくれているのがわかるだけに、私の本当の気持ちを言い出しにくくて困っています。どうしたらよいでしょうか。

回答者：A

　これからも長く付き合いできることを考えているのなら、やはり彼にあなたの本当の好みを伝えて分かってもらったほうがよいと思います。でもプレゼントをもらった時に「こういうのは好きじゃない」と言うと彼を傷つけてしまうので、ふだんからデートの時にショーウインドーなどを見ながら、「わたしこんな服がすきなのよ」とか「これ、欲しいなあ」などと言って、彼にそれとなく伝えるようにしてはいかがでしょうか。

回答者：B

　自分で思っているイメージと他人から見たイメージとは違っていることも多いものです。自分では「シャープなデザインが似合う」と思っていても、彼から見ると「かわいらしい感じのデザインが似合うはず」と思っているのかもしれません。自分で自分のイメージを決めてしまわずに、一度思い切って身につけてみてはどうでしょうか。新しい自分が発見できるかもしれませんし、彼もそれを期待しているのかもしれませんよ。

問い　「相談者」の相談に対する、の回答について、正しいのはどれか。

1. AもBも、彼からの心のこもったプレゼントなので、素直に身につけたほうがよいと言っている。

2. AもBも、長くお付き合いするために相手の好みや考え方に合わせるべきだと言っている

3. Aは相談者の彼の考え方に理解を示し、Bは相談者の好みをより重視する意見を述べている

4. Aは相談者の好みをより重視し、Bは相談者の彼の考え方に理解を示す意見を述べている。

┌───┐
【저자소개】

➤ 이 계 옥

   ◆ 성신여자대학교 일어일문학과 졸업(1977.2)
   ◆ 한국외국어대학교대학원 석사학위 취득(1980.2)
   ◆ 한국외국어대학교대학원 박사학위 취득(2000.2)
   ◆ 배화여자대학교 일어통번역과 교수(1984.9~현재)
└───┘

JLPT N2

초판인쇄	2012 년 12 월 21 일
초판발행	2012 년 12 월 31 일
저 자	이 계 옥
발 행 인	윤 석 현
발 행 처	제이앤씨
책임편집	최 인 노
등록번호	제 7-220 호
우편주소	⊕ 132-702 서울시 도봉구 창동 624-1 북한산 현대홈시티 102-1106
대표전화	02) 992 / 3253
전 송	02) 991 / 1285
홈페이지	http://www.jncbms.co.kr
전자우편	jncbook@hanmail.net

ⓒ 이계옥 2012 All rights reserved. Printed in KOREA

ISBN 978-89-5668-926-5 93730   정가 12,000 원